NCS

강원랜드

직업기초능력평가

NCS 강원랜드

직업기초능력평가

초판 인쇄 2021년 12월 15일
초판 발행 2021년 12월 17일

편 저 자 ｜ 취업적성연구소
발 행 처 ｜ ㈜서원각
등록번호 ｜ 1999-1A-107호
주   소 ｜ 경기도 고양시 일산서구 덕산로 88-45(가좌동)
교재주문 ｜ 031-923-2051
팩   스 ｜ 031-923-3815
교재문의 ｜ 카카오톡 플러스 친구[서원각]
영상문의 ｜ 070-4233-2505
홈페이지 ｜ www.goseowon.com
책임편집 ｜ 정유진
디 자 인 ｜ 이규희

PREFACE

우리나라 기업들은 1960년대 이후 현재까지 비약적인 발전을 이루었다. 이렇게 급속한 성장을 이룰 수 있었던 배경에는 우리나라 국민들의 근면성 및 도전정신이 있었다. 그러나 빠르게 변화하는 세계 경제의 환경에 적응하기 위해서는 근면성과 도전정신 이외에 또 다른 성장 요인이 필요하다.

최근 많은 공사·공단에서는 기존의 직무 관련성에 대한 고려 없이 인·적성, 지식 중심으로 치러지던 필기전형을 탈피하고, 산업현장에서 직무를 수행하기 위해 요구되는 능력을 산업부문별·수준별로 체계화 및 표준화한 NCS를 기반으로 하여 채용공고 단계에서 제시되는 '직무 설명자료'상의 직업기초능력과 직무수행능력을 측정하기 위한 직업기초능력평가, 직무수행능력평가 등을 도입하고 있다.

강원랜드에서도 업무에 필요한 역량 및 책임감과 적응력 등을 구비한 인재를 선발하기 위하여 고유의 직업기초능력평가를 치르고 있다. 본서는 강원랜드 채용대비를 위한 필독서로 강원랜드 직업기초능력평가의 출제경향을 철저히 분석하여 응시자들이 보다 쉽게 시험유형을 파악하고 효율적으로 대비할 수 있도록 구성하였다.

신념을 가지고 도전하는 사람은 반드시 그 꿈을 이룰 수 있습니다. 처음에 품은 신념과 열정이 취업 성공의 그 날까지 빛바래지 않도록 서원각이 수험생 여러분을 응원합니다.

STRUCTURE

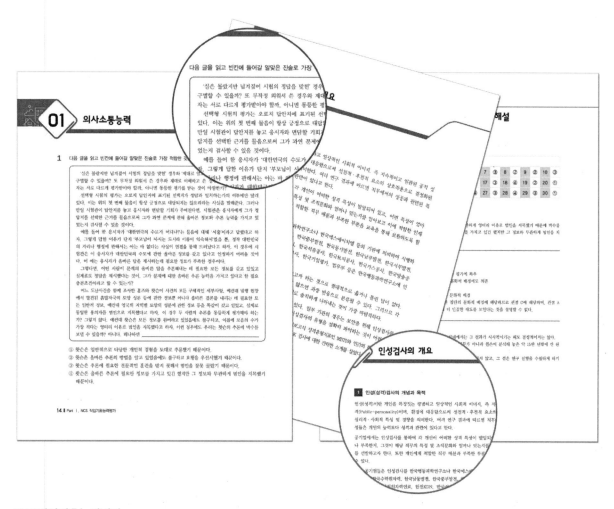

NCS직업기초능력평가
적중률 높은 영역별 출제예상문제를 수록하여 학습효율을 확실하게 높였습니다.

인성검사 및 면접
인성검사의 개요와 실전 인성검사로 다양한 유형의 인성검사를 대비할 수 있습니다. 또한 성공취업을 위한 면접의 기본과 면접기출을 수록하여 취업의 마무리까지 깔끔하게 책임집니다.

정답 및 해설
문제의 핵심을 꿰뚫는 명쾌하고 자세한 해설로 수험생들의 이해를 돕습니다.

CONTENTS

회사소개

소개

폐광지역개발지원에 관한 특별법을 근거로 설립된 강원랜드는 석탄산업의 사양화로 낙후된 폐광지역의 경제를 진흥시켜 지역간의 균형있는 발전과 폐광지역 주민의 소득증대 도모를 위해 노력하고 있으며 국내 17개의 카지노 중 유일하게 내국인 출입이 가능한 카지노를 운영 중이다.

경영방침

강원랜드는 "즐거운 삶과 더 나은 세상을 만드는 행복쉼터"라는 비전을 달성하기 위해 "가치혁신, 상생추구, 변화선도"라는 경영방침을 세우고 구성원 개개인이 일, 동료, 고객과 사회라는 관계에서 반드시 준수해야 하는 원칙을 제시한다.

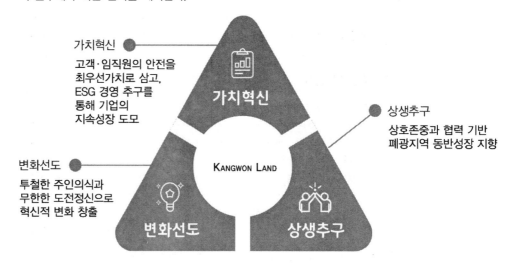

가치혁신
고객·임직원의 안전을 최우선가치로 삼고, ESG 경영 추구를 통해 기업의 지속성장 도모

상생추구
상호존중과 협력 기반 폐광지역 동반성장 지향

변화선도
투철한 주인의식과 무한한 도전정신으로 혁신적 변화 창출

KANGWON LAND

2030 중장기 경영전략 체계

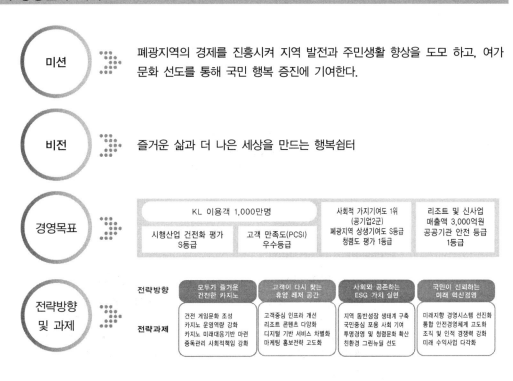

미션
폐광지역의 경제를 진흥시켜 지역 발전과 주민생활 향상을 도모 하고, 여가 문화 선도를 통해 국민 행복 증진에 기여한다.

비전
즐거운 삶과 더 나은 세상을 만드는 행복쉼터

경영목표

KL 이용객 1,000만명		사회적 가치기여도 1위 (공기업2군)	리조트 및 신사업 매출액 3,000억원
시행산업 건전화 평가 S등급	고객 만족도(PCSI) 우수등급	폐광지역 상생기여도 S등급 청렴도 평가 1등급	공공기관 안전 등급 1등급

전략방향 및 과제

전략방향

모두가 즐거운 건전한 카지노	고객이 다시 찾는 휴양 레저 공간	사회와 공존하는 ESG 가치 실현	국민이 신뢰하는 미래 혁신경영

전략과제

| 건전 게임문화 조성
카지노 운영역량 강화
카지노 미래대응기반 마련
중독관리 사회적책임 강화 | 고객중심 인프라 개선
리조트 콘텐츠 다양화
디지털 기반 서비스 차별화
마케팅 홍보전략 고도화 | 지역 동반성장 생태계 구축
국민중심 포용 사회 기여
투명경영 및 청렴문화 확산
친환경 그린뉴딜 선도 | 미래지향 경영시스템 선진화
통합 안전경영체계 고도화
조직 및 인적 경쟁력 강화
미래 수익사업 다각화 |

핵심가치

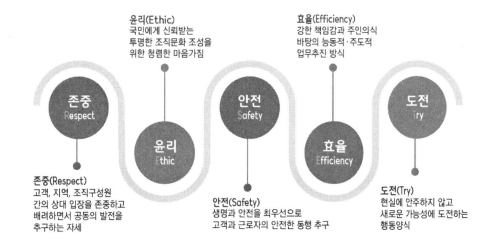

윤리(Ethic)
국민에게 신뢰받는
투명한 조직문화 조성을
위한 청렴한 마음가짐

효율(Efficiency)
강한 책임감과 주인의식
바탕의 능동적·주도적
업무추진 방식

존중
Respect

윤리
Ethic

안전
Safety

효율
Efficiency

도전
Try

존중(Respect)
고객, 지역, 조직구성원
간의 상대 입장을 존중하고
배려하면서 공동의 발전을
추구하는 자세

안전(Safety)
생명과 안전을 최우선으로
고객과 근로자의 안전한 동행 추구

도전(Try)
현실에 안주하지 않고
새로운 가능성에 도전하는
행동양식

채용안내

인재상

최고지향
각 분야의 최고 전문가로서
일에 대한 진정한 사랑과
끊임없는 자기계발 노력으로
자신의 일에 최고가 된다.

강원랜드

팀워크 중시
각자의 영역을 책임지며
서로를 보완하는 주인공이 됨과
동시에 상호 존중과 협력을
통해 목표를 달성한다.

주인의식
지역발전이라는
회사 창립 이념을 이해하고
자부심과 애착을 가지고
고객과 사회에 봉사한다.

전형절차

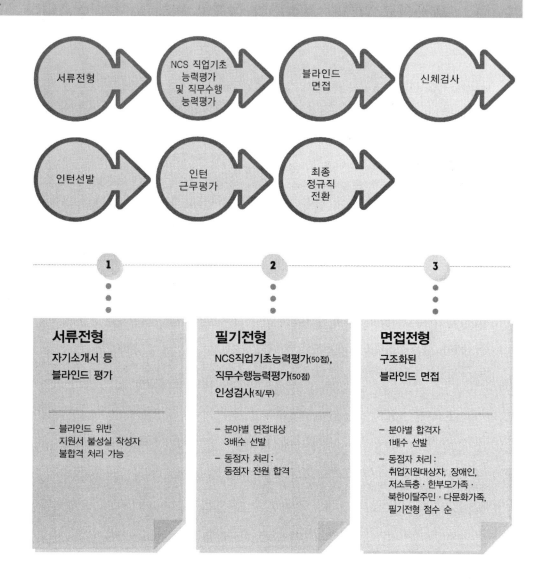

서류전형

자기소개서 등
블라인드 평가

- 블라인드 위반
  지원서 불성실 작성자
  불합격 처리 가능

필기전형

NCS직업기초능력평가(50점),
직무수행능력평가(50점)
인성검사(직/무)

- 분야별 면접대상
  3배수 선발
- 동점자 처리 :
  동점자 전원 합격

면접전형

구조화된
블라인드 면접

- 분야별 합격자
  1배수 선발
- 동점자 처리 :
  취업지원대상자, 장애인,
  저소득층 · 한부모가족 ·
  북한이탈주민 · 다문화가족,
  필기전형 점수 순

깨끗하고 청렴한 조직문화 정착을 위해 노력 하겠습니다

2021. 12. 8.

강원랜드, 2021년 반부패 윤리경영 결의대회 개최

강원랜드(대표 이삼걸)는 7일 오전 10시 하이원 그랜드호텔 사파이어룸에서 '2021년 반부패 윤리경영 결의대회'를 가졌다고 밝혔다.

강원랜드는 이번 결의를 통해 반부패 윤리경영 의지표명과 함께 내부적으로 청렴정책 적극 실천 다짐으로 청렴한 조직 문화 정착을 가속화한다는 계획이다.

이날 행사는 이삼걸 대표이사와 김영수 상임감사위원, 강원랜드에서 청렴문화를 이끄는 직원들로 구성된 하이클린리더 등 30여명이 참석한 가운데 '반부패 윤리경영 선언서'를 낭독했으며, 결의대회가 끝난 후에는 전직원들의 비대면 동참 캠페인을 진행하며 전파에 나설 예정이다.

선언서 주요 내용은 공직자로서 직무수행과 관련한 사적이익 추구 금지, 부패행위에 대해 무관용 원칙 적용, 부패사고 발생 근절을 위한 제도개선 노력, 공기업으로서 사회적 책임 완수 등이다.

이날 이삼걸 대표이사는 "카지노를 운영하는 공기업인 강원랜드는 그 어느 기업보다 높은 기준의 청렴성이 요구 된다"며 "임직원 모두가 항상 이해충돌방지를 위해 노력하고 청렴과 공정의 가치를 실천하여 깨끗한 강원랜드, 사회적 책임을 다하는 강원랜드로 국민들 앞에 자리매김 하겠다"고 강조했다.

한편, 강원랜드는 세계 반부패의 날(9일)과 인권의 날(10일)을 기념해 반부패·인권주간 행사를 실시한다. SNS를 활용한 강원랜드 인권경영 헌장문 알리기, 사례를 통한 성비위 및 갑질 근절 캠페인, 국가인권위원회 인권공모전 수상작 상영 등 다양한 프로그램을 진행할 계획이다.

면접질문

• 현재 공기업이나 민간기업의 부패 실상들이 나오는 가운데 강원랜드가 특별하게 더 지켜야 할 윤리경영방침이 있다면 무엇인지, 그 이유에 대해 본인의 생각을 말해 보시오.

강원랜드, ESG 가치 창출을 위한 대국민 아이디어 공모전 시상

2021. 11. 25.

온실가스 감축 방안과 사회적 가치 창출 고도화에 대한 우수작 발굴

강원랜드(대표 이삼걸)가 지난 10월 진행한 ESG 가치 창출을 위한 대국민 아이디어 공모전 당선작을 선정해 25일 비대면 메타버스 플랫폼을 통해 시상했다.

이번 공모전은 회사의 지속가능경영을 위한 혁신과 ESG 가치 창출을 도모하고자 ▲환경 부문 ▲사회공헌 부문 ▲안전 부문의 세 가지 주제로 10월 6일부터 11월 1일까지 27일간 진행됐으며 응모가 없었던 안전 부문을 제외하고 총 39건이 접수됐다.

응모된 아이디어는 관련부서 실무자 5인 이상으로 구성된 예선심사를 거쳐 환경 부문 9건, 사회공헌 부문 4건이 본선에 진출했으며, 일반 국민, 외부 전문가, 강원랜드 간부급 지원 등으로 구성된 본선심사에서 환경 부문 3건(대상1, 우수상2), 사회공헌 부문 1건(대상1)이 우수작으로 선정됐다.

환경 부문 대상에는 온실가스 감축 방안으로 '그린뉴딜 연계형 그린리모델링 시행을 통한 건물 에너지 사용량 절감 방안'을 제시한 안성수 씨가 수상했으며, 사회공헌 부문에 '장애아동과 비장애아동의 통합 놀이프로그램 운영 및 보호자 휴식 지원'을 제안한 이재찬 씨가 선정돼 상금과 함께 강원랜드 대표이사 표창을 받았다.

이번 시상식은 코로나19 확산을 예방하고자 강원랜드 최초로 비대면 메타버스 플랫폼을 이용해 이삼걸 대표이사의 인사말을 영상으로 전했으며, 조강희 리조트본부장을 비롯해 행사 관계자와 공모전 시상자 등이 온라인 참석한 가운데 진행됐다.

강원랜드 이삼걸 대표이사는 "혁신은 회사가 앞으로 나아가기 위한 기본적인 필요 수단이며 더 이상 특별하거나 어려운 일이 아니다"며 "오늘 선정된 국민의 아이디어가 우리 회사의 지속가능한 미래를 열어 가는데 중요한 계기와 큰 영감을 주길 기대 한다"고 격려했다.

한편 강원랜드는 이와 함께 각 부서를 대상으로 혁신 우수사례 경진대회를 진행해 우수사례 발굴과 성과 확산을 도모하는 등 코로나19로 인한 경영 위기 속에서도 혁신의 끈을 놓지 않고 있다.

면접질문

• 강원랜드가 지역과 사회를 위해 할 수 있는 사회공헌 방법에 대한 생각을 말해 보시오.

PART

I

NCS 직업기초능력평가

01 의사소통능력

1 다음 글을 읽고 빈칸에 들어갈 알맞은 진술로 가장 적합한 것은?

'실은 몰랐지만 넘겨짚어 시험의 정답을 맞힌' 경우와 '제대로 알고 시험의 정답을 맞힌' 경우를 구별할 수 있을까? 또 무작정 외워서 쓴 경우와 제대로 이해하고 쓴 경우는 어떤가? 전자와 후자는 서로 다르게 평가받아야 할까, 아니면 동등한 평가를 받는 것이 마땅한가?

선택형 시험의 평가는 오로지 답안지에 표기된 선택지가 정답과 일치하는가의 여부에만 달려 있다. 이는 위의 첫 번째 물음이 항상 긍정으로 대답되지는 않으리라는 사실을 말해준다. 그러나 만일 시험관이 답안지를 놓고 응시자와 면담할 기회가 주어진다면, 시험관은 응시자에게 그가 정답지를 선택한 근거를 물음으로써 그가 과연 문제에 관해 올바른 정보와 추론 능력을 가지고 있었는지 검사할 수 있을 것이다.

예를 들어 한 응시자가 '대한민국의 수도가 어디냐?'는 물음에 대해 '서울'이라고 답했다고 하자. 그렇게 답한 이유가 단지 '부모님이 사시는 도시라 이름이 익숙해서'였을 뿐, 정작 대한민국의 지리나 행정에 관해서는 아는 바 없다는 사실이 면접을 통해 드러났다고 하자. 이 경우에 시험관은 이 응시자가 대한민국의 수도에 관한 올바른 정보를 갖고 있다고 인정하기 어려울 것이다. 이 예는 응시자가 올바른 답을 제시하는데 필요한 정보가 부족한 경우이다.

그렇다면, 어떤 사람이 문제의 올바른 답을 추론해내는 데 필요한 모든 정보를 갖고 있었고 실제로도 정답을 제시했다는 것이, 그가 문제에 대한 올바른 추론 능력을 가지고 있다고 할 필요충분조건이라고 할 수 있는가?

어느 도난사건을 함께 조사한 홈즈와 왓슨이 사건의 모든 구체적인 세부사항, 예컨대 범행 현장에서 발견된 흙발자국의 토양 성분 등에 관한 정보뿐 아니라 올바른 결론을 내리는 데 필요한 모든 일반적 정보, 예컨대 영국의 지역별 토양의 성분에 관한 정보 등을 똑같이 갖고 있었고, 실제로 동일한 용의자를 범인으로 지목했다고 하자. 이 경우 두 사람의 추론을 동등하게 평가해야 하는가? 그렇지 않다. 예컨대 왓슨은 모든 정보를 완비하고 있었음에도 불구하고, 이름에 모음의 수가 가장 적다는 엉터리 이유로 범인을 지목했다고 하자. 이런 경우에도 우리는 왓슨의 추론에 박수를 보낼 수 있을까? 아니다. 왜냐하면 _____

① 왓슨은 일반적으로 타당한 개인적 경험을 토대로 추론했기 때문이다.

② 왓슨은 올바른 추론의 방법을 알고 있었음에도 불구하고 요행을 우선시했기 때문이다.

③ 왓슨은 추론에 필요한 전문적인 훈련을 받지 못해서 범인을 잘못 골랐기 때문이다.

④ 왓슨은 올바른 추론에 필요한 정보를 가지고 있긴 했지만 그 정보와 무관하게 범인을 지목했기 때문이다.

2 다음 글의 관점 A ~ C에 대한 평가로 적절한 것만을 고른 것은?

> 위험은 우리의 안전을 위태롭게 하는 실제 사건의 발생과 진행의 총체라고 할 수 있다. 위험에 대해 사람들이 취하는 태도에 대해서는 여러 관점이 존재한다.
>
> 관점 A에 따르면, 위험 요소들은 보편타당한 기준에 따라 계산 가능하고 예측 가능하기 때문에 객관적이고 중립적인 것으로 인식될 수 있다. 그 결과, 각각의 위험에 대해 개인이나 집단이 취하게 될 태도 역시 사고의 확률에 대한 객관적인 정보에 의해서만 결정된다. 하지만 이 관점은 객관적인 발생가능성이 높지 않은 위험을 민감하게 받아들이는 개인이나 사회가 있다는 것을 설명하지 못한다.
>
> 한편 관점 B는 위험에 대한 태도가 객관적인 요소뿐만 아니라 위험에 대한 주관적 인지와 평가에 의해 좌우된다고 본다. 예를 들어 위험이 발생할 객관적인 가능성은 크지 않더라도, 그 위험의 발생을 스스로 통제할 수 없는 경우에 사람들은 더욱 민감하게 반응한다. 그뿐만 아니라 위험을 야기하는 사건이 자신에게 생소한 것이어서 그에 대한 지식이 부족할수록 사람들은 그 사건을 더 위험한 것으로 인식하는 경향이 있다. 하지만 이것은 동일한 위험에 대해 서로 다른 문화와 가치관을 가지고 있는 사회 또는 집단들이 다른 태도를 보이는 이유를 설명하지 못한다.
>
> 이와 관련해 관점 C는 위험에 대한 태도가 개인의 심리적인 과정에 의해서만 결정되는 것이 아니라, 개인이 속한 집단의 문화적 배경에도 의존한다고 주장한다. 예를 들어 숙명론이 만연한 집단은 위험을 통제 밖의 일로 여겨 위험에 대해서 둔감한 태도를 보이게 되며, 구성원의 안전 문제를 다른 무엇보다도 우선시하는 집단은 그렇지 않은 집단보다 위험에 더 민감함 태도를 보이게 될 것이다.

> ㉠ 관점 A와 달리 관점 B는 위험에 대한 사람들의 태도가 객관적인 요소에 영향을 받지 않는다고 주장한다.
> ㉡ 관점 B와 관점 C는 사람들이 동일한 위험에 대해서 다른 태도를 보이는 사례를 설명할 수 있다.
> ㉢ 관점 A는 민주화 수준이 높은 사회일수록 사회 구성원들이 기후변화의 위험에 더 민감한 태도를 보인다는 것을 설명할 수 있지만, 관점 C는 그렇지 않다.

① ㉠

② ㉡

③ ㉠㉢

④ ㉡㉢

3 다음 글을 통해 추론할 수 있는 내용으로 가장 적절한 것은?

> 카발리는 윌슨이 모계 유전자인 mtDNA 연구를 통해 발표한 인류 진화 가설을 설득력 있게 확인시켜 줄 수 있는 실험을 제안했다. 만약 mtDNA와는 서로 다른 독립적인 유전자 가계도를 통해서도 같은 결론에 도달할 수 있다면 윌슨의 인류 진화에 대한 가설을 강화할 수 있다는 것이다.
>
> 이에 언더힐은 Y염색체를 인류 진화 연구에 이용하였다. 그가 Y염색체를 연구에 이용한 이유가 있다. 그것은 Y염색체가 하나씩 존재하는 특성이 있어 재조합을 일으키지 않고, 그 점은 연구 진행을 수월하게 하기 때문이다. 그는 Y염색체를 사용한 부계 연구를 통해 윌슨이 밝힌 연구 결과와 매우 유사한 결과를 도출했다. 언더힐의 가계도도 윌슨의 가계도와 마찬가지로 아프리카 지역의 인류 원조 조상에 뿌리를 두고 갈라져 나오는 수형도였다. 또 그 수형도는 인류학자들이 상상한 장엄한 떡갈나무가 아니라 윌슨이 분석해 놓은 약 15만 년밖에 안 된 키 작은 나무와 매우 유사하였다.
>
> 별개의 독립적인 연구로 얻은 두 자료가 인류의 과거를 똑같은 모습으로 그려낸다면 그것은 대단한 설득력을 지닌다. mtDNA와 같은 하나의 영역만이 연구된 상태에서는 그 결과가 시사적이기는 해도 결정적이지는 않다. 그 결과의 양상은 단지 DNA의 특정 영역에 일어난 특수한 역사만을 반영하는 것일 수도 있기 때문이다. 하지만 언더힐을 Y염색체에서 유사한 양상을 발견함으로써 그 불완전성은 크게 줄어들었다. 15만 년 전에 아마도 전염병이나 기후 변화로 인해 유전자 다양성이 급격하게 줄어드는 현상이 일어났을 것이다.

① 윌슨의 mtDNA 연구결과는 인류 진화 가설에 대한 결정적인 증거였다.

② 부계 유전자 연구와 모계 유전자 연구를 통해 얻은 각각의 인류 진화 수형도는 매우 비슷하다.

③ 윌슨과 언더힐의 연구결과는 현대 인류 조상의 기원에 대한 인류학자들의 견해를 뒷받침한다.

④ 언더힐이 Y염색체를 인류 진화 연구에 이용한 것은 염색체 재조합으로 인해 연구가 쉬워졌기 때문이다.

4 다음 글의 내용과 부합하는 것은?

'청렴(清廉)'은 현대 사회에서 좁게는 반부패와 동의어로 사용되며 넓게는 투명성과 책임성 등을 포괄하는 통합적 개념으로 사용되고 있다. 유학자들은 청렴을 효제와 같은 인륜의 덕목보다는 하위에 두었지만 군자라면 마땅히 지켜야 할 일상의 덕목으로 중시하였다. 조선의 대표적 유학자였던 이황과 이이는 청렴을 사회 규율이자 개인 처세의 지침으로 강조하였다. 특히 공적 업무에 종사하는 사람이라면 사회 규율로서의 청렴이 개인의 처세와 직결된다는 점에 유념해야 한다고 보았다.

청렴에 대한 논의는 정약용의 「목민심서」에서 본격적으로 나타난다. 정약용은 청렴이야말로 목민관이 지켜야 할 근본적인 덕목이며 목민관의 직무는 청렴이 없이는 불가능하다고 강조하였다. 정약용은 청렴을 당위의 차원에서 주장하는 기존의 학자들과 달리 행위자 자신에게 실질적 이익이 된다는 점을 들어 설득하고자 한다. 그는 청렴은 큰 이득이 남는 장사라고 말하면서, 지혜롭고 욕심이 큰 사람은 청렴을 택하지만 지혜가 짧고 욕심이 작은 사람은 탐욕을 택한다고 설명한다. 정약용은 "지자(知者)는 인(仁)을 이롭게 여긴다."라는 공자의 말을 빌려 "지혜로운 자는 청렴함을 이롭게 여긴다."라고 하였다. 비록 재물을 얻는 데 뜻이 있더라도 청렴함을 택하는 것이 결과적으로는 지혜로운 선택이라고 정약용은 말한다. 목민관의 작은 탐욕은 단기적으로 보면 눈앞의 재물을 취하여 이익을 얻을 수 있겠지만 궁극에는 개인의 몰락과 가문의 불명예를 가져올 수 있기 때문이다.

정약용은 청렴을 지키는 것은 두 가지 효과가 있다고 보았다. 첫째, 청렴은 다른 사람에게 긍정적 효과를 미친다. 목민관이 청렴할 경우 백성을 비롯한 공동체 구성원에게 좋은 혜택이 돌아갈 것이다. 둘째, 청렴한 행위를 하는 것은 목민관 자신에게도 좋은 결과를 가져다준다. 청렴은 그 자신의 덕을 높이는 것일 뿐 아니라 자신의 가문에 빛나는 명성과 영광을 가져다줄 것이다.

① 정약용은 청렴이 목민관이 반드시 지켜야 할 덕목임을 당위론 차원에서 정당화하였다.

② 정약용은 탐욕을 택하는 것보다 청렴을 택하는 것이 이롭다는 공자의 뜻을 계승하였다.

③ 정약용은 청렴한 사람은 욕심이 작기 때문에 재물에 대한 탐욕에 빠지지 않는다고 보았다.

④ 정약용은 청렴이 백성에게 이로움을 줄 뿐 아니라 목민관 자신에게도 이로운 행위라고 보았다.

5 다음 글의 내용과 부합하지 않는 것은?

> 토크빌이 미국에서 관찰한 정치 과정 가운데 가장 놀랐던 것은 바로 시민들의 정치적 결사였다. 미국인들은 어려서부터 스스로 단체를 만들고 스스로 규칙을 제정하여 그에 따라 행동하는 것을 관습화해왔다. 이에 미국인들은 어떤 사안이 발생할 경우 국가기관이나 유력자의 도움을 받기 전에 스스로 단체를 결성하여 집합적으로 대응하는 양상을 보인다. 미국의 항구적인 지역 자치의 단위인 타운, 시티, 카운티조차도 주민들의 자발적인 결사로부터 형성된 단체였다.
>
> 미국인들의 정치적 결사는 결사의 자유에 대한 완벽한 보장을 기반으로 실현된다. 일단 하나의 결사로 뭉친 개인들은 언론의 자유를 보장받으면서 자신들의 집약된 견해를 널리 알린다. 이러한 견해에 호응하는 지지자들의 수가 점차 늘어날수록 이들은 더욱 열성적으로 결사를 확대해간다. 그런 다음에는 집회를 개최하여 자신들의 힘을 표출한다. 집회에서 가장 중요한 요소는 대표자를 선출하는 기회를 만드는 것이다. 집회로부터 선출된 지도부는 물론 공식적으로 정치적 대의제의 대표는 아니다. 하지만 이들은 도덕적인 힘을 가지고 자신들의 의견을 반영한 법안을 미리 기초하여 그것이 실제 법률로 제정되게끔 공개적으로 입법부에 압력을 가할 수 있다.
>
> 토크빌은 이러한 정치적 결사가 갖는 의미에 대해 독특한 해석을 펼친다. 그에 따르면, 미국에서는 정치적 결사가 다수의 횡포에 맞서는 보장책으로서의 기능을 수행한다. 미국의 입법부는 미국 시민의 이익을 대표하며, 의회 다수당은 다수 여론의 지지를 받는다. 이를 고려하면 언제든 '다수의 이름으로' 소수를 배제한 입법권의 행사가 가능해짐에 따라 입법 활동에 대한 다수의 횡포가 나타날 수 있다. 토크빌은 이러한 다수의 횡포를 제어할 수 있는 정치 제도가 없는 상황에서 소수 의견을 가진 시민들의 정치적 결사는 다수의 횡포에 맞설 수 있는 유일한 수단이라고 보았다. 더불어 토크빌은 시민들의 정치적 결사가 소수자들이 다수의 횡포를 견제할 수 있는 수단으로 온전히 가능하기 위해서는 도덕의 권위에 호소해야 한다고 보았다. 왜냐하면 힘이 약한 소수자가 호소할 수 있는 것은 도덕의 권위뿐이기 때문이다.

① 미국의 항구적인 지역 자치인 타운은 주민들의 자발적인 결사로부터 시작되었다.
② 미국에서는 정치적 결사를 통해 실제 법률로 제정되게끔 입법부에 압력을 가할 수 있다.
③ 토크빌에 따르면, 다수의 횡포를 견제하기 위해서는 소수자들의 정치적 결사가 도덕의 권위에 맞서야 한다.
④ 토크빌에 따르면, 미국에서는 소수를 배제한 다수의 이름으로 입법권의 행사가 이루어질 수 있다.

6 다음 글을 통해 추론할 수 있는 것은?

'핸드오버'란 이동단말기가 이동함에 따라 기존 기지국에서 이탈하여 새로운 기지국으로 넘어갈 때 통화가 끊기지 않도록 통화 신호를 새로운 기지국으로 넘겨주는 것을 말한다. 이런 핸드오버는 이동단말기, 기지국, 이동전화교환국 사이의 유무선 연결을 바탕으로 실행된다. 이동단말기가 기지국에 가까워지면 그 둘 사이의 신호가 점점 강해지는데 반해, 이동단말기와 기지국이 멀어지면 그 둘 사이의 신호는 점점 약해진다. 이 신호의 세기가 특정값 이하로 떨어지게 되면 핸드오버가 명령되어 이동단말기와 새로운 기지국 간의 통화 채널이 형성된다. 이 과정에서 이동전화교환국과 기지국 간 연결에 문제가 발생하면 핸드오버가 실패하게 된다.

핸드오버는 이동단말기와 기지국 간 통화 채널 형성 순서에 따라 '형성 전 단절 방식'과 '단절 전 형성 방식'으로 구분될 수 있다. FDMA와 TDMA에서는 형성 전 단절 방식을, CDMA에서는 단절 전 형성 방식을 사용한다. 형성 전 단절 방식은 이동단말기와 새로운 기지국 간의 통화 채널이 형성되기 전에 기존 기지국과의 통화 채널을 단절하는 것을 말한다. 이와 반대로 단절 전 형성 방식은 이동단말기와 기존 기지국 간의 통화 채널이 단절되기 전에 새로운 기지국과의 통화 채널을 형성하는 방식이다. 이런 핸드오버 방식의 차이는 각 기지국이 사용하는 주파수 간 차이에서 비롯된다. 만약 각 기지국이 다른 주파수를 사용하고 있다면, 이동단말기는 기존 기지국과의 통화 채널을 미리 단절한 뒤 새로운 기지국에 맞는 주파수를 할당 받은 후 통화 채널을 형성해야 한다. 그러나 각 기지국이 같은 주파수를 사용하고 있다면, 그런 주파수 조정이 필요 없으며 새로운 통화 채널을 형성하고 나서 기존 통화 채널을 단절할 수 있다.

① 단절 전 형성 방식의 각 기지국은 서로 다른 주파수를 사용한다.

② 형성 전 단절 방식은 단절 전 형성 방식보다 더 빨리 핸드오버를 명령할 수 있다.

③ 이동단말기 A와 기지국 간 신호 세기가 이동단말기 B와 기지국 간 신호 세기보다 더 작다면 이동단말기 A에서는 핸드오버가 명령되지만 이동단말기 B에서는 핸드오버가 명령되지 않는다.

④ CDMA에서는 하나의 이동단말기가 두 기지국과 동시에 통화 채널을 형성할 수 있지만 FDMA에서는 그렇지 않다.

7 다음 글을 통해 알 수 있는 내용으로 적절하지 않은 것은?

지구의 여러 곳에서 장기간에 걸친 가뭄, 폭염, 홍수, 폭우 등과 같은 이상 기후가 발생하여 인간에게 큰 피해를 주고 있다. 이러한 이상 기후가 나타나는 원인 중에는 엘니뇨와 라니냐가 있다.

평상시에는 적도 부근의 동태평양에 있는 남아메리카 페루 연안으로부터 서쪽으로 무역풍이 지속적으로 분다. 이 무역풍은 동쪽에 있는 따뜻한 표층수를 서쪽 방향으로 운반하기 때문에 따뜻한 해수층의 두께는 서태평양 쪽에서는 두껍고 동태평양 쪽에서는 얇아진다. 이와 함께 남아메리카 페루 연안에서는 서쪽으로 쏠려 가는 표층수의 자리를 메우기 위해 차가운 심층 해수가 아래로부터 올라오는 용승이 일어나게 된다.

이 결과 적도 부근 동태평양 페루 연안의 해수면 온도는 같은 위도의 다른 해역보다 낮아지고, 적도 부근 서태평양에서의 표층 해수의 온도는 높아지게 된다. 표층 해수의 온도가 높아지면 해수가 증발하여 공기 중에 수증기의 양이 많아지고, 따뜻한 해수가 공기를 데워 상승 기류를 발생시켜 저기압이 발달하고 구름이 생성된다. 이로 인해 해수 온도가 높은 서태평양에 위치한 동남아시아와 오스트레일리아에는 강수량이 많아진다. 반대로 남아메리카의 페루 연안에는 하강 기류가 발생하여 고기압이 발달하고 맑고 건조한 날씨가 나타난다.

적도 부근 태평양의 무역풍은 2~6년 사이로 그 세기가 변하는데, 이에 따라 적도 부근 태평양의 기후 환경은 달라진다. 무역풍이 평상시보다 약해지면 태평양 동쪽의 따뜻한 표층수를 서쪽으로 밀어내는 힘이 약해진다. 이로 인해, 적도 부근 동태평양의 용승이 약해지며 해수면의 온도는 평상시보다 높아진다. 따뜻한 표층수가 동쪽에 머무르면, 적도 부근 서태평양은 평상시에 비해 해수면의 온도와 해수면의 높이가 낮아지고, 적도 부근 동태평양은 해수면의 온도와 해수면의 높이가 상승하는데 이 현상이 엘니뇨이다. 엘니뇨가 발생하면 인도네시아, 오스트레일리아 등에서는 평상시에 비해 강수량이 감소하여 가뭄이 발생하고, 대규모 산불이 일어나기도 한다. 반면에 페루, 칠레 등에서는 평상시보다 많은 강수량을 보이면서 홍수가 자주 발생하는 등 이상 기후가 나타나게 된다.

한편, 무역풍이 평상시보다 강해지면 적도 부근 동태평양의 해수면의 온도와 해수면의 높이가 평상시보다 더 낮아지고 적도 부근 서태평양의 해수면의 온도와 해수면의 높이가 평상시보다 더 높아진다. 이런 현상을 라니냐라고 한다. 라니냐가 발생하면 동남아시아와 오스트레일리아에서는 홍수가 잦아지거나 이상 고온 현상이 나타나기도 하고, 반대로 페루, 칠레 등에서는 평상시보다 더 건조해져 가뭄이 발생할 수 있다. 라니냐가 발생하면 적도 부근 동태평양의 기압은 평상시보다 상승하고 서태평양의 기압은 평상시보다 하강하여 두 지역의 기압차는 평상시보다 더 커진다.

① 적도 부근 서태평양에서 표층 해수의 온도가 높아지면 상승 기류가 발생한다.

② 평상시에 무역풍은 적도 부근 태평양의 표층수를 동쪽에서 서쪽 방향으로 이동시킨다.

③ 동태평양 페루 연안에서 용승이 일어나면 같은 위도의 다른 해역보다 페루 연안의 해수면 온도가 높아진다.

④ 평상시 적도 부근 서태평양에 저기압이 발달하면 적도 부근 서태평양에 위치한 동남아시아의 강수량이 많아진다.

8 다음은 어떤 단어에 대한 창의적인 해석이다. 이에 해당하는 적절한 단어는?

> 자동차 내비게이션 속에 사는 여자의 이름.
> 경로를 이탈했습니다. 경로를 이탈했습니다. 경로를 이탈했습니다.
> 서너 번만 같은 말을 하고 나면 짜증이 날 법도 한데 한결같은 그 예쁘고 친절한 목소리로 경로를 재탐색하겠다고 한다.
> 인생길에도 같은 이름의 안내자가 필요하다.

① 적극성   ② 인내

③ 성실   ④ 창의

9 다음은 카지노 기구의 규격 및 기준 등에 관한 법의 내용이다. 다음 내용 중에서 잘못 쓰인 글자는 몇 개인가?

제25조(카지노 기구의 규격 및 기준 등)

㉠ 문화체육관광부 장관은 카지노업에 이용되는 기구(이하 "카지노 기구"라 한다)의 형상·구조·제질 및 성능 등에 관한 규격 및 기준(이하 "공인 기준 등"이라 한다)을 정하여야 한다.

㉡ 문화체육관광부 장관은 문화체육관광부령으로 정하는 바에 따라 문화체육관광부 장관이 지정하는 검사기관의 건정을 받은 카지노 기구의 규격 및 기준을 공인 기준 등으로 인정할 수 있다.

㉢ 카지노 사업자가 카지노 기구를 영업장소(그 부대시설 등을 포함한다)에 반입·사용하는 경우에는 문화체육관광부령으로 정하는 바에 따라 그 카지노 기구가 공인 기준 등에 맞는지에 관하여 문화체육관광부 장관의 검사를 받아야 한다.

㉣ ㉢에 따른 검사에 합격된 카지노 기구에는 문화체육관광부령으로 정하는 바에 따라 검사에 합격하였음을 증명하는 증명서(이하 "검사 합격 증명서"라 한다)를 붙이거나 표시하여야 한다.

---

① 1개   ② 2개

③ 3개   ④ 4개

10 다음 일정표에 대해 잘못 이해한 것을 고르면?

Albert Denton : Tuesday, September 24

8:30 a.m.	Meeting with S.S. Kim in Metropolitan Hotel lobby Taxi to Extec Factory
9:30–11:30 a.m.	Factory Tour
12:00–12:45 p.m.	Lunch in factory cafeteria with quality control supervisors
1:00–2:00 p.m.	Meeting with factory manager
2:00 p.m.	Car to warehouse
2:30–4:00 p.m.	Warehouse tour
4:00 p.m.	Refreshments
5:00 p.m.	Taxi to hotel (approx. 45 min)
7:30 p.m.	Meeting with C.W. Park in lobby
8:00 p.m.	Dinner with senior managers

① They are having lunch at the factory.

② The warehouse tour takes 90 minutes.

③ The factory tour is in the afternoon.

④ Mr. Denton has some spare time before in the afternoon.

11 다음 서식을 보고 빈칸에 들어갈 알맞은 단어를 고른 것은?

납품(장착) 확인서

1. 제   품   명 : 슈퍼터빈(연료과급기)
2. 회   사   명 : 서원각
3. 사업자등록번호 : 123-45-67890
4. 주   소 : 경기도 고양시 일산서구 가좌동 846
5. 대   표   자 : 정 확 한
6. 공 급 받 는 자 : (주) 소정 코리아
7. 납품(계약)단가 : 일금 이십육만원정(₩ 260,000)
8. 납품(계약)금액 : 일금 이백육십만원정(₩ 2,600,000)
9. 장착차량 현황

차종	연식	차량번호	사용연료	규격(size)	수량	비고
스타렉스			경유	72mm	4	
카니발			경유		2	
투싼			경유	56mm	2	
야무진			경유		1	
이스타나			경유		1	
합계					10	₩2,600,000

　귀사 제품 슈퍼터빈을 테스트한 결과 연료절감 및 매연저감에 효과가 있으므로 당사 차량에 대해 (   ) 장착하였음을 확인합니다.

납   품   처 : (주)소정 코리아
사업자등록번호 : 987-65-43210
상   호 : (주)소정 코리아
주   소 : 서울시 강서구 가양동 357-9
대   표   자 : 장 착 해

---

① 일절　　　　　　　　　　② 일체

③ 전혀　　　　　　　　　　④ 반품

12 다음 제시된 내용을 토대로 관광회사 직원들이 추론한 내용으로 가장 적합한 것은?

세계여행관광협의회(WTTC)에 따르면 2016년 전 세계 국내총생산(GDP) 총합에서 관광산업이 차지한 직접 비중은 2.7%이다. 여기에 고용, 투자 등 간접적 요인까지 더한 전체 비중은 9.1%로, 금액으로 따지면 6조 3,461억 달러에 이른다. 직접 비중만 놓고 비교해도 관광산업의 규모는 자동차 산업의 2배이고 교육이나 통신 산업과 비슷한 수준이다. 아시아를 제외한 전 대륙에서는 화학 제조업보다도 관광산업의 규모가 큰 것으로 나타났다.

서비스 산업의 특성상 고용을 잣대로 삼으면 그 차이는 더욱 더 벌어진다. 지난해 전세계 관광산업 종사자는 9,800만 명으로 자동차 산업의 6배, 화학 제조업의 5배, 광업의 4배, 통신 산업의 2배로 나타났다. 간접 고용까지 따지면 2억 5,500만 명이 관광과 관련된 일을 하고 있어, 전 세계적으로 근로자 12명 가운데 1명이 관광과 연계된 직업을 갖고 있는 셈이다. 이러한 수치는 향후 2~3년간은 계속 유지될 것으로 보인다. 실제 백만 달러를 투입할 경우, 관광산업에서는 50명분의 일자리가 추가로 창출되어 교육 부문에 이어 두 번째로 높은 고용 창출효과가 있는 것으로 조사되었다.

유엔세계관광기구(UNWTO)의 장기 전망에 따르면 관광산업의 성장은 특히 한국이 포함된 동북아시아에서 두드러질 것으로 예상된다. UNWTO는 2010년부터 2030년 사이 이 지역으로 여행하는 관광객이 연평균 9.7% 성장하여 2030년 5억 6,500명이 동북아시아를 찾을 것으로 전망했다. 전 세계 시장에서 차지하는 비율도 현 22%에서 2030년에는 30%로 증가할 것으로 예측했다.

그런데 지난해 한국의 관광산업 비중(간접 분야 포함 전체 비중)은 5.2%로 세계 평균보다 훨씬 낮다. 관련 고용자수(간접 고용 포함)도 50만 3,000여 명으로 전체의 2%에 불과하다. 뒤집어 생각하면 그만큼 성장의 여력이 크다고 할 수 있다.

① 상민 : 2016년 전 세계 국내총생산(GDP) 총합에서 관광산업이 차지한 직접 비중을 금액으로 따지면 2조 달러가 넘는다.

② 대현 : 2015년 전 세계 통신 산업의 종사자는 자동차 산업의 종사자의 약 3배 정도이다.

③ 동근 : 2017년 전 세계 근로자 수는 20억 명을 넘지 못한다.

④ 수진 : 한국의 관광산업 수준이 간접 고용을 포함하는 고용 수준에서 현재의 세계 평균 수준 비율과 비슷해지려면 3백억 달러 이상을 관광 산업에 투자해야 한다.

13 다음 글을 읽고 알 수 있는 내용으로 가장 적절한 것은?

> 어떤 시점에 당신만이 느끼는 어떤 감각을 지시하여 'W'라는 용어의 의미로 삼는다고 하자. 그 이후에 가끔 그 감각을 느끼게 되면, "W라고 불리는 그 감각이 나타났다."고 당신은 말할 것이다. 그렇지만 그 경우에 당신이 그 용어를 올바로 사용했는지 그렇지 않은지를 어떻게 결정할 수 있는가? 만에 하나 첫 번째 감각을 잘못 기억할 수도 있을 것이고, 혹은 실제로는 단지 희미하고 어렴풋한 유사성밖에 없는데도 첫 번째 감각과 두 번째 감각 사이에 밀접한 유사성이 있는 것으로 착각할 수도 있다. 더구나 그것이 착각인지 아닌지를 판단할 근거가 없다. 만약 "W"라는 용어의 의미가 당신만이 느끼는 그 감각에만 해당한다면, "W"라는 용어의 올바른 사용과 잘못된 사용을 구분할 방법은 어디에도 없게 될 것이다. 올바른 적용에 관해 결론을 내릴 수 없는 용어는 아무런 의미도 갖지 않는다.

① 본인만이 느끼는 감각을 지시하는 용어는 아무 의미도 없다.
② 어떤 용어도 구체적 사례를 통해서 의미를 얻게 될 수 없다.
③ 감각을 지시하는 용어는 사용하는 사람에 따라 상대적인 의미를 갖는다.
④ 감각을 지시하는 용어의 의미는 다른 사람들과 공유하는 의미로 확장될 수 있다.

14 다음 글을 읽고 이 글을 뒷받침할 수 있는 주장으로 가장 적합한 것은?

> X선 사진을 통해 폐질환 진단법을 배우고 있는 의과대학 학생을 생각해 보자. 그는 암실에서 환자의 가슴을 찍은 X선 사진을 보면서, 이 사진의 특징을 설명하는 방사선 전문의의 강의를 듣고 있다. 그 학생은 가슴을 찍은 X선 사진에서 늑골뿐만 아니라 그 밑에 있는 폐, 늑골의 음영, 그리고 그것들 사이에 있는 아주 작은 반점들을 볼 수 있다. 하지만 처음부터 그럴 수 있었던 것은 아니다. 첫 강의에서는 X선 사진에 대한 전문의의 설명을 전혀 이해하지 못했다. 그가 가리키는 부분이 무엇인지, 희미한 반점이 과연 특정질환의 흔적인지 전혀 알 수가 없었다. 전문의가 상상력을 동원해 어떤 가상적 이야기를 꾸며내는 것처럼 느껴졌을 뿐이다. 그러나 몇 주 동안 이론을 배우고 실습을 하면서 지금은 생각이 달라졌다. 그는 문제의 X선 사진에서 이제는 늑골 뿐 아니라 폐와 관련된 생리적인 변화, 흉터나 만성 질환의 병리학적 변화, 급성질환의 증세와 같은 다양한 현상들까지도 자세하게 경험하고 알 수 있게 될 것이다. 그는 전문가로서 새로운 세계에 들어선 것이고, 그 사진의 명확한 의미를 지금은 대부분 해석할 수 있게 되었다. 이론과 실습을 통해 새로운 세계를 볼 수 있게 된 것이다.

① 관찰은 배경지식에 의존한다.

② 과학에서의 관찰은 오류가 있을 수 있다.

③ 과학 장비의 도움으로 관찰 가능한 영역은 확대된다.

④ 관찰정보는 기본적으로 시각에 맺혀지는 상에 의해 결정된다.

15 다음 글의 밑줄 친 부분을 고쳐 쓰기 위한 방안으로 적절하지 않은 것은?

봉사는 자발적으로 이루어지는 것이므로 원칙적으로 아무런 보상이 주어지지 않는다. ㉠ 그리고 적절한 칭찬이 주어지면 자발적 봉사자들의 경우에도 더욱 적극적으로 활동하게 된다고 한다. ㉡그러나 이러한 칭찬 대신 일정액의 보상을 제공하면 어떻게 될까? ㉢오히려 봉사자들의 동기는 약화된다고 한다. 나는 여름방학 동안에 봉사활동을 많이 해 왔다. 왜냐하면 봉사에 대해 주어지는 금전적 보상은 봉사자들에게 그릇된 메시지를 전달하기 때문이다. 봉사에 보수가 주어지면 봉사자들은 다른 봉사자들도 무보수로는 일하지 않는다고 생각할 것이고 언제나 보수를 기대하게 된다. 보수를 기대하게 되면 그것은 봉사라고 하기 어렵다. ㉣즉, 자발적 봉사가 사라진 자리를 이익이 남는 거래가 차지하고 만다.

① ㉠은 앞의 문장과는 상반된 내용이므로 '하지만'으로 고쳐 쓴다.

② ㉡에서 만일의 상황을 가정하므로 '그러나'는 '만일'로 고쳐 쓴다.

③ ㉢'오히려'는 뒤 내용이 일반적 예상과는 다른 결과가 될 것임을 암시하는데, 이는 적절하므로 그대로 둔다.

④ ㉣의 '즉'은 '예를 들면'으로 고쳐 쓴다.

16 다음 글을 읽고 이 글에서 설명하고 있는 '사전조치'의 개념과 다른 내용은?

> 개인이나 사회는 장기적으로 최선인 일을 의지박약, 감정, 충동, 고질적 습관, 중독 그리고 단기적 이익추구 등의 이유로 인해 수행하지 못하는 경우가 많다. 예컨대 많은 사람들이 지금 담배를 끊는 것이 자신의 건강을 위해서 장기적으로 최선이라고 판단함에도 불구하고 막상 담배를 피울 수 있는 기회에 접하게 되면 의지박약으로 인해 담배를 피우는 경우가 많다. 이런 경우 개인이나 사회는 더 합리적으로 행동하기 위해서 행위자가 가질 수 있는 객관적인 기회를 제한하거나 선택지를 줄임으로써 의지박약이나 충동 또는 단기적 이익 등에 따라 행동하는 것을 방지할 수 있다. 이런 조치를 '사전조치'라 한다.

① 알코올 중독자가 금주를 목적으로 인근 수십 킬로미터 안에 술을 파는 곳이 없는 깊은 산속으로 이사를 하였다.

② 술에 취할 때마다 헤어진 애인에게 전화를 하는 남학생이 더 이상 그녀에게 전화를 하지 않기 위해 자신의 핸드폰 번호를 변경하였다.

③ 가정 내에서 TV를 통한 미성년자의 등급 외 상영물 시청을 제한하기 위해 TV에 성인물 시청 시 비밀번호를 입력하도록 하는 장치를 설치하였다.

④ 국회는 향후 집권당과 정부가 선거에서 유권자의 표를 구할 목적으로 단기적으로만 효과를 발휘하는 통화금융정책을 시행할 위험을 막기 위해서 이자율과 통화량에 대한 결정권을 독립된 중앙은행에 이양하는 법률을 제정하였다.

17 어느 날 팀장이 다음 자료를 보여주면서 "올해 렌터카 회사와 계약을 하는데, 그 쪽에서 요금표를 보내주었다."며 "6개월을 사용하면 어떻게 되는지 자네가 검토해서 퇴근 전에 구두로 보고해 달라."고 하신다. 귀하가 팀장에게 보고할 내용으로 가장 적합한 것은 무엇인가?

요금제	기본요금	추가요금
A	1개월 150,000원	초과 1개월당 100,000원
B	3개월 170,000원	초과 1개월당 200,000원

① 암산으로 계산해 보니 A요금은 600,000원, B요금은 800,000원이 나옵니다.

② 이면지에 계산해 보니 A요금이나 B요금이나 6개월 사용하면 똑같습니다.

③ 요금제를 검토해 보니 A요금이 B요금보다 저렴해서 A요금제를 추천합니다.

④ 계산기로 계산해 보니 A요금이 B요금보다 비싸서 B요금제로 추천합니다.

18 귀하는 정기간행물을 발간하는 중소기업에서 편집디자이너로 일하고 있다. 걸핏하면 "이건 당신의 책임 아니냐"고 질책하는 팀장으로 인해 스트레스가 쌓인 귀하는 어느 날 편집디자이너의 작업명세서라는 것을 뒤져 보았더니 다음과 같은 책임이 있는 것으로 나왔다. 용기를 얻은 귀하는 자료를 근거로 팀장에게 소명하려고 하는데, 다음 중 귀하가 할 주장으로 가장 적절한 것은?

직무 수행에 있어서의 책임과 한계

1. 컴퓨터 및 주변기기를 항상 최적의 상태로 유지관리하고, 소프트웨어의 오류에 의한 간단한 기기 고장은 보수하여야 한다.
2. 자재 및 소모품에 관한 관리를 철저히 하여 원가절감을 기하고, 제품의 불량이 발생할 경우 불량 원인을 분석하여 재발방지를 위한 대책을 세워야 한다.
3. 인쇄 공정 별 책임자의 작업 지시에 따라 수행하는 작업내용과 진행상황을 서류나 구두로 보고하고, 인쇄원고의 보관관리는 물론 기밀유지의 책임이 있다.
4. 컴퓨터, 주변기기, 각종 공구 등을 사용할 때 부주의로 인한 안전사고가 일어나지 않도록 각자가 조심하여야 하고, 공정 진행상의 주의 소홀로 야기되는 공정 지연 등이 되지 않도록 노력하여야 한다.
5. 오탈자에 대한 최종 교정책임을 진다.
6. 사진이 잘못 게재된 것에 대한 책임을 진다.

---

① 보세요. 초상권을 침해한 것은 사진사 잘못이지, 그게 왜 제 책임입니까?

② 보세요. 글 쓴 사람이 오탈자를 잡아야지, 제가 그런 것까지 할 여유가 어디 있습니까?

③ 보세요. 인쇄소로 넘겼으면 끝난 거지. 왜 제가 작업 진행까지 파악해야 합니까?

④ 보세요. 컴퓨터가 파손되었다고 저한테 말씀하시면 너무한 것 아닙니까?

19 다음 글의 ( ) 안에 들어갈 말을 순서대로 바르게 나열한 것은?

차용증서

제1조 : 채권자 "갑"은 20○○년 ○○월 ○○일에 금 ○○만 원을 채무자 "을"에게 빌려주고 채무자 "을"은 이것을 차용하였다.

제2조 : 차용금의 변제기한은 20○○년 ○○월 ○○일로 한다.

제3조 : 1) 이자는 월 ○○푼의 비율로 하고 매월 ○○일까지 지불하기로 한다.

2) 원리금의 변제를 지체했을 때에는 채무자는 일변 ○○리의 비율에 의한 지연손실금을 (㉠)해서 지불해야 한다.

제4조 : 채무의 변제는 채권자 현재의 주소 또는 지정장소에 지참 또는 송금하여 지불한다.

제5조 : 채무자 "을"이 다음의 어느 하나에 해당하는 경우에 있어서는 채권자 "갑"으로부터의 통지, 최고 등이 없이도 당연히 기한의 이익을 잃고 채무 전부를 즉시 변제한다.

① 본 건 이자의 지불을 ○○개월분 이상 (㉡)했을 때

② 다른 채무 때문에 강제집행, 집행보전처분을 받거나, 파산 또는 경매의 신청이 있었을 때

제6조 : 채무자 "을"은 그 채무불이행 시에는 그의 전 재산에 대해 곧 강제집행에 따를 것을 (㉢) 했다.

	㉠	㉡	㉢
①	가산	체납	승낙
②	가산	지체	승낙
③	감산	체납	거부
④	감산	지체	승낙

20 다음 글을 통해 알 수 없는 것은?

동아시아 삼국에 외국인이 집단적으로 장기 거주함에 따라 생활의 편의와 교통통신을 위한 근대적 편의시설이 갖춰지기 시작하였다. 이른바 문명의 이기로 불린 전신, 우편, 신문, 전차, 기차 등이 그것이다. 민간인을 독자로 하는 신문은 개항 이후 새롭게 나타난 신문물 가운데 하나이다. 신문(新聞) 혹은 신보(新報)라는 이름부터가 그렇다. 물론 그 전에도 정부 차원에서 관료들에게 소식을 전하는 관보가 있었지만 오늘날 우리가 사용하는 의미에서의 신문은 여기서부터 비롯된다.

1882년 서양 선교사가 창간한 「The Universal Gazette」의 한자 표현이 '천하신문'인 데서 알 수 있듯, 선교사들은 가제트를 '신문'으로 번역했다. 이후 신문이란 말은 "마카오의 신문지를 참조하라."거나 "신문관을 설립하자"는 식으로 중국인들이 자발적으로 활발하게 사용하기 시작했다.

상업이 발달한 중국 상하이와 일본 요코하마에서는 각각 1851년과 1861년 영국인에 의해 영자신문이 창간되어 유럽과 미국 회사들에 필요한 정보를 제공했고, 이윽고 이를 모델로 하는 중국어, 일본어 신문이 창간되었다. 상하이 최초의 중국어 신문은 영국의 민간회사 자림양행에 의해 1861년 창간된 「상하이신보」다. 거기에는 선박의 출입일정, 물가정보, 각종 광고 등이 게재되어 중국인의 필요에 부응했다. 이 신문은 '○○신보'라는 용어의 유래가 된 신문이다. 중국에서 자국인에 의해 발행된 신문은 1874년 상인 황타오에 의해 창간된 중국어 신문 「순후안일보」가 최초이다. 이것은 오늘날 '△△일보'라는 용어의 유래가 된 신문이다.

한편 요코하마에서는 1864년 미국 영사관 통역관이 최초의 일본어 신문 「카이가이신문」을 창간하면서 일본 국내외 뉴스와 광고를 게재했다. 1871년 처음으로 일본인에 의해 일본어 신문인 「요코하마마이니치신문」이 창간되었고, 이후 일본어 신문 창간의 붐이 있었다.

개항 자체가 늦었던 조선에서는 정부 주도하에 1883년 외교를 담당하던 통리아문 박문국에서 최초의 근대적 신문 「한성순보」를 창간했다. 그러나 한문으로 쓰인 「한성순보」와는 달리 그 후속으로 1886년 발행된 「한성주보」는 국한문혼용을 표방했다. 한글로 된 최초의 신문은 1896년 독립협회가 창간한 「독립신문」이다. 1904년 영국인 베델과 양기탁 등에 의해 「대한매일신보」가 영문판 외에 국한문 혼용판과 한글 전용판을 발간했다. 그밖에 인천에서 상업에 종사하는 사람들을 위한 정보를 알려주는 신문 등 다양한 종류의 신문이 등장했다.

① 중국 상하이와 일본 요코하마에서 창간된 영자신문은 서양 선교사들이 주도적으로 참여하였다.
② 개항 이전에는 관료를 위한 관보는 있었지만, 민간인 독자를 대상으로 하는 신문은 없었다.
③ '○○신보'나 '△△일보'란 용어는 민간이 만든 신문들의 이름에서 기인한다.
④ 일본은 중국보다 자국인에 의한 자국어 신문을 먼저 발행하였다.

21 다음 글을 논리적으로 바르게 배열한 것은?

> (가) 오늘날까지 인류가 알아낸 지식은 한 개인이 한 평생 체험을 거듭할지라도 그 몇 만분의 일도 배우기 어려운 것이다.
> (나) 가령, 무서운 독성을 가진 콜레라균을 어떠한 개인이 먹어 보아서 그 성능을 증명하려 하면, 그 사람은 그 지식을 얻기 전에 벌써 죽어 버리고 말게 될 것이다.
> (다) 지식은 그 종류와 양이 무한하다.
> (라) 또 지식 중에는 체험으로써 배우기에는 너무 위험한 것도 많다.
> (마) 그러므로 체험만으로써 모든 지식을 얻으려는 것은 매우 졸렬한 방법일 뿐 아니라, 거의 불가능한 일이라 하겠다.

① (다)(가)(라)(나)(마)
② (다)(라)(가)(나)(마)
③ (가)(다)(나)(마)(라)
④ (가)(나)(라)(마)(다)

22 다음은 폐광지역 개발 지원에 관한 특별법의 일부 내용이다. 한자로 바꾸어 쓴 것으로 옳지 않은 것은?

> 제3조(폐광지역진흥지구의 지정)
> ㉠ 산업통상자원부 장관은 폐광지역 중 다른 산업을 유치하기 곤란한 지역의 경제를 진흥하기 위하여 필요한 경우에는 도지사의 신청을 받아 폐광지역진흥지구(이하 "진흥지구"라 한다)를 지정할 수 있다.
> ㉡ 진흥지구의 지정은 「지역 개발 및 지원에 관한 법률」 제11조에 따른 지역개발사업구역 중 특별한 개발이 필요한 지역으로서 대통령령으로 정하는 요건에 해당하는 지역에 대하여 한다.
> ㉢ 산업통상자원부 장관은 진흥지구를 지정할 때에는 미리 국무회의의 심의를 거쳐야 한다. 지정된 진흥지구를 대통령령으로 정하는 규모 이상으로 변경하는 경우에도 또한 같다.
> ㉣ 산업통상자원부 장관은 진흥지구를 지정하였을 때에는 대통령령으로 정하는 바에 따라 그 내용을 고시하여야 한다.

① 지정 – 指定
② 요건 – 要件
③ 변경 – 變更
④ 고시 – 古時

23 다음 글을 통해 알 수 없는 내용은?

희생제의란 신 혹은 초자연적 존재에게 제물을 바침으로써 인간 사회에서 발생하는 중요한 문제를 해결하려는 목적으로 이루어지는 의례를 의미한다. 이 제의에서는 제물이 가장 주요한 구성 요소인데, 이때 제물은 제사를 올리는 인간들과 제사를 받는 대상 사이의 유대 관계를 맺게 해주어 상호 소통할 수 있도록 매개하는 역할을 수행한다.

희생제의의 제물, 즉 희생제물의 대명사로 우리는 '희생양'을 떠올린다. 이는 희생제물이 대게 동물일 것이라고 추정하게 하지만, 희생제물에는 인간도 포함된다. 인간 집단은 안위를 위협하는 심각한 위기 상황을 맞게 되면, 이를 극복하고 사회 안정을 회복하기 위해 처녀나 어린아이를 제물로 바쳤다. 이러한 사실은 인신공희(人身供犧) 설화를 통해 찾아볼 수 있다. 이러한 설화에서 인간들은 신이나 괴수에게 처녀나 어린아이를 희생제물로 바쳤다.

희생제의는 원시사회의 산물로 머문 것이 아니라 아주 오랫동안 동서양을 막론하고 여러 문화권에서 지속적으로 행해져 왔다. 이에 희생제의의 기원이나 형식을 밝히기 위한 종교현상학적 연구들이 시도되어 왔다. 그리고 인류학적 연구에서는 희생제의에 나타난 인간과 문화의 본질에 대한 탐색이 있어 왔다. 인류학적 관점의 대표적인 학자인 지라르는 「폭력과 성스러움」, 「희생양」 등을 통해 인간 사회의 특징, 사회 갈등과 그 해소 등의 문제를 '희생제의'와 '희생양'으로 설명했다.

인간은 끊임없이 타인과 경쟁하고 갈등하는 존재이다. 이러한 인간들 간의 갈등은 공동체 내에서 무차별적이면서도 심각한 갈등 양상으로 치닫게 되고 극도의 사회적 긴장 관계를 유발한다. 이때 다수의 사회 구성원들은 사회 갈등을 희생양에게 전이시켜 사회 갈등을 해소하고 안정을 되찾고자 하였다는 것이 지라르 논의의 핵심이다.

희생제의에서 희생제물로서 처녀나 어린아이가 선택되는 경우가 한국뿐 아니라 많은 나라에서도 발견된다. 처녀와 어린아이에게는 인간 사회의 세속적이고 부정적인 속성이 깃들지 않았다는 관념이 오래 전부터 지배적이었기 때문이다. 그러나 지라르는 근본적으로 이들이 희생제물로 선택된 이유를, 사회를 주도하는 주체인 성인 남성들이 스스로 일으킨 문제를 자신들이 해결하지 않고 사회적 역할 차원에서 자신들과 대척점에 있는 타자인 이들을 희생양으로 삼았기 때문인 것으로 설명하였다.

① 종교현상학적 연구는 인간 사회의 특성과 사회 갈등 형성 및 해소를 희생제의와 희생양의 관계를 통해 설명한다.

② 지라르에 의하면 다수의 사회 구성원들은 사회 갈등을 희생양에게 전이시킴으로써 사회 안정을 이루고자 하였다.

③ 희생제물을 통해 위기를 극복하고 사회의 안정을 회복하고자 한 의례 행위는 동양에 국한된 것이 아니다.

④ 지라르에 따르면 희생제물인 처녀나 어린아이들은 성인 남성들과 대척점에 있는 존재이다.

24 다음 글을 읽고 바르게 추론한 것을 고르면?

> 청소년기에 또래집단으로부터의 압력은 흡연의 대표적인 원인이다. 우리나라 청소년의 대부분이 친구의 권유를 통해 처음 담배를 접하게 된다는 통계 결과가 이를 뒷받침한다. 청소년기의 흡연은 심각한 문제인데 한 통계에 따르면 우리나라 고등학생의 40%가 흡연을 경험하며 성인 흡연자의 대부분이 흡연을 시작한 시기가 청소년기라고 한다.
>
> 한편, 흡연행동과 그에 따른 니코틴 중독을 야기하는 유전적 원인에 초점이 모아지고 있다. 흡연에 관한 쌍둥이 연구자료, 유전자 조사기법 등을 종합한 연구에 의하면 흡연자와 비흡연자를 결정하는 중요한 원인 중 하나는 도파민이라는 신경전달물질을 생산하는 유전자와 관련이 있는 것으로 알려지고 있다. 도파민은 뇌의 쾌락중추를 자극하는 역할을 하는데 이 도파민이 많이 분비되는 유전자형을 가진 사람이 그렇지 않은 사람에 비해 흡연을 적게 한다는 증거가 있다.

① 우리나라 성인 흡연자의 40%는 청소년기에 흡연을 시작하였다.

② 폐암 발생률을 감소시키기 위해 금연 교육프로그램을 개발하여야 한다.

③ 청소년의 흡연율을 낮추면 성인 흡연율도 장기적으로 낮아질 가능성이 높다.

④ 도파민 분비를 억제시키는 약물을 개발한다면 금연에 도움을 줄 수 있을 것이다.

25 다음 글에서 추론할 수 있는 내용만을 모두 고른 것은?

'도박사의 오류'라고 불리는 것은 특정 사건과 관련 없는 사건을 관련 있는 것으로 간주했을 때 발생하는 오류이다. 예를 들어, 주사위 세 개를 동시에 던지는 게임을 생각해 보자. 첫 번째 던지기 결과는 두 번째 던지기 결과에 어떤 영향도 미치지 않으며, 이런 의미에서 두 사건은 서로 상관이 없다. 마찬가지로 10번의 던지기에서 한 번도 6의 눈이 나오지 않았다는 것은 11번째 던지기에서 6의 눈이 나온다는 것과 아무런 상관이 없다. 그럼에도 불구하고, 우리는 "10번 던질 동안 한 번도 6의 눈이 나오지 않았으니, 이번 11번째 던지기에는 6의 눈이 나올 확률이 무척 높다."라고 말하는 경우를 종종 본다. 이런 오류를 '도박사의 오류 A'라고 하자. 이 오류는 지금까지 일어난 사건을 통해 미래에 일어날 특정 사건을 예측할 때 일어난다.

하지만 반대 방향도 가능하다. 즉, 지금 일어난 특정 사건을 바탕으로 과거를 추측하는 경우에도 오류가 발생한다. 다음 사례를 생각해보자. 당신은 친구의 집을 방문했다. 친구의 방에 들어가는 순간, 친구는 주사위 세 개를 던지고 있었으며 그 결과 세 개의 주사위에서 모두 6의 눈이 나왔다. 이를 본 당신은 "방금 6의 눈이 세 개가 나온 놀라운 사건이 일어났다는 것에 비춰볼 때, 내가 오기 전에 너는 주사위 던지기를 무척 많이 했음에 틀림없다."라고 말한다. 당신은 방금 놀라운 사건이 일어났다는 것을 바탕으로 당신 친구가 과거에 주사위 던지기를 많이 했다는 것을 추론한 것이다. 하지만 이것도 오류이다. 당신이 방문을 여는 순간 친구가 던진 주사위들에서 모두 6의 눈이 나올 확률은 매우 낮다. 하지만 이 사건은 당신 친구가 과거에 주사위 던지기를 많이 했다는 것에 영향을 받은 것이 아니다. 왜냐하면 문을 열었을 때 처음으로 주사위 던지기를 했을 경우에 문제의 사건이 일어날 확률과, 문을 열기 전 오랫동안 주사위 던지기를 했을 경우에 해당 사건이 일어날 확률은 동일하기 때문이다. 이 오류는 현재에 일어난 특정 사건을 통해 과거를 추측할 때 일어난다. 이를 '도박사의 오류 B'라고 하자.

㉠ 인태가 당첨 확률이 매우 낮은 복권을 구입했다는 사실로부터 그가 구입한 그 복권은 당첨되지 않을 것이라고 추론하는 것은 도박사의 오류 A이다.

㉡ 은희가 오늘 구입한 복권에 당첨되었다는 사실로부터 그녀가 오랫동안 꽤 많은 복권을 구입했을 것이라고 추론하는 것은 도박사의 오류 B이다.

㉢ 승민이가 어제 구입한 복권에 당첨되었다는 사실로부터 그가 구입했던 그 복권의 당첨 확률이 매우 높았을 것이라고 추론하는 것은 도박사의 오류 A가 아니며 도박사의 오류 B도 아니다.

① ㉠

② ㉡

③ ㉠㉢

④ ㉡㉢

26 다음 글을 읽고 가장 옳게 말한 사람은?

> 바이러스의 감염방식은 두 가지인데 바이러스는 그들 중 하나의 감염방식으로 감염된다. 첫 번째 감염방식은 뮤-파지 방식이라고 불리는 것이고, 다른 하나는 람다-파지라고 불리는 방식이다. 바이러스 감염 경로는 다양하다. 가령 뮤-파지 방식에 의해 감염되는 바이러스는 주로 호흡기와 표피에 감염되지만 중추신경계에는 감염되지 않는다. 반면 람다-파지 방식으로 감염되는 바이러스는 주로 중추신경계에 감염되지만 호흡기와 표피에 감염되는 종류도 있다.
> 바이러스의 형태는 핵산을 둘러싸고 있는 캡시드의 모양으로 구별하는데 이 형태들 중에서 많이 발견되는 것이 나선형, 원통형, 이십면체형이다. 나선형 바이러스는 모두 뮤-파지 방식으로 감염되고, 원통형 바이러스는 모두 람다-파지 방식으로 감염된다. 그러나 이십면체형 바이러스는 때로는 뮤-파지 방식으로, 때로는 람다-파지 방식으로 감염된다. 작년 가을 유행했던 바이러스 X는 이십면체형이 아닌 것으로 밝혀졌고, 람다-파지 방식으로 감염되었다. 올해 기승을 부리면서 우리를 위협하고 있는 바이러스 Y는 바이러스 X의 변종인데 그 형태와 감염방식은 X와 동일하다.

① 갑 : 바이러스 X는 원통형뿐이다.

② 을 : 바이러스 X는 호흡기에 감염되지 않는다.

③ 병 : 바이러스 Y는 호흡기에만 감염된다.

④ 정 : 바이러스 Y는 나선형이 아니다.

27 다음 글을 순서대로 바르게 배열한 것은?

> ㉠ 적응의 과정은 북쪽의 문헌이나 신문을 본다든지 텔레비전, 라디오를 시청함으로써 이루어질 수 있는 극복의 원초적 단계이다.
>
> ㉡ 이질성의 극복을 위해서는 이질화의 원인을 밝히고 이를 바탕으로 해서 그것을 극복하는 단계로 나아가야 한다. 극복의 문제도 단계를 밟아야 한다. 일차적으로는 적응의 과정이 필요하다.
>
> ㉢ 남북의 언어가 이질화되었다고 하지만 사실은 그 분화의 연대가 아직 반세기에도 미치지 않았고 맞춤법과 같은 표기법은 원래 하나의 뿌리에서 갈라진 만큼 우리의 노력 여하에 따라서는 동질성의 회복이 생각 밖으로 쉬워질 수 있다.
>
> ㉣ 문제는 어휘의 이질화를 어떻게 극복할 것인가에 귀착된다. 우리가 먼저 밟아야 할 절차는 이질성과 동질성을 확인하는 일이다.

① ㉡－㉠－㉢－㉣

② ㉡－㉢－㉣－㉠

③ ㉢－㉣－㉡－㉠

④ ㉣－㉡－㉢－㉠

28 다음 서식을 보고 ㉠과 ㉡에 들어갈 내용을 바르게 짝지은 것은?

거래명세표

견적명	컴퓨터 / 주변기기 납품
견적일자	2018년 8월 1일
㈜WK엔터테인먼트 (귀하)	

아래와 같이 견적합니다.

공급자	등록번호	123-45-67890		
	상호	㈜서원각	성명	다파라
	주소	경기 고양시 일산서구 가좌동 123		
	(㉠)	도매 및 소매업		
	업종	컴퓨터 및 주변장치, 소프트웨어 도매업		

공급가액 합계		일금 육백십이만원정 (₩ 6,120,000)			
품명	규격	수량	단가	공급가액	비고
모니터	A형	5	360,000	1,800,000	
본체	B형	5	(㉡)	2,600,000	
프린터	C형	2	360,000	720,000	
주변기기	D형	5	200,000	1,000,000	
합계		17	1,440,000	6,120,000	

특기사항
1. 부가세 포함
2. 계약금 10%
3. 본 견적서는 견적일부터 30일간 유효합니다.

① ㉠ 종목, ㉡ 280,000 ② ㉠ 사업, ㉡ 320,000

③ ㉠ 업체, ㉡ 450,000 ④ ㉠ 업태, ㉡ 520,000

29 다음 글에 대한 설명으로 옳지 않은 것은?

(가) 남자는 여자보다 평균수명이 짧고 사망률도 전반적으로 높다. 남자는 각종 사고에 더 많이 노출되어 있고 살해당하거나 자살할 확률이 여자보다 거의 세 배나 높다. 동물과 마찬가지로 남자들이 짝을 얻기 위해 더 위험한 전략을 많이 구사하는 것이 그 원인이다. 이러한 경쟁 때문에 영원히 짝짓기에 실패하는 경우가 남자 쪽에 더 많이 나타난다. 어느 사회에서든 짝 없이 평생을 지내는 노총각이 노처녀보다 더 많다.

(나) 미국에서 1960년대 후반과 1970년대에 있었던 성해방 풍조하에서는 여성들이 성을 마음껏 표현하고 남자들의 맹세를 심각하게 요구하지 않으면서 성관계에 동의하는 현상을 보였다. 이 때는 베이비붐 세대의 여자들에 해당하는 연상의 남자 수가 적었던 시기이다. 남자 수가 적은 짝짓기 환경에서 여자들은 건강을 유지하기 위해 노력을 더 많이 하고 자신의 성적 재산을 남자를 유혹하기 위해 기꺼이 내놓기도 하며 외모를 더 나아 보이게 하기 위해 치열하게 경쟁한다.

(다) 다수의 남자들이 소수의 여자들을 두고 경쟁해야 할 때는 상황이 여자에게 유리하게 바뀐다. 남자들은 매력적인 여자를 유혹하기 위해 재산을 모으려 노력하고 아버지가 되는 투자를 자청하게 되므로 결혼생활이 안정적으로 유지된다. 그러나 남자의 비율이 높다고 모든 상황이 여자에게 유리하게 되는 것은 아니다. 남자의 비율이 높으면 결혼한 여자들은 선택의 여지가 많아져서 가정을 떠나겠다는 위협이 더 큰 효력을 발휘하게 된다. 이는 남자들의 질투심을 자극하여 아내를 통제하기 위한 위협과 폭력, 그리고 자신의 짝을 유혹하려는 다른 남자에 대한 폭력을 증가시킨다.

(라) 여자들은 지위가 높고 재산이 많은 남자를 선호하기 때문에 젊은 남자들은 보통 여자의 공급이 부족한 세계에 살게 된다. 그래서 젊은 남자들은 성폭력이나 구타, 살인과 같은 위험한 전략을 구사하는 경우가 많다. 남자들이 이러한 위험을 잘 극복하고 재산과 지위를 가지게 되면 성비는 남자 쪽에 유리하게 된다. 그들이 선택할 수 있는 잠재적인 여자들의 집합도 커지고 짝짓기 시장에서의 그들의 가치도 올라가게 된다. 그들은 일시적인 연애나 혼외정사, 그리고 반복적인 결혼이나 일부다처제의 형식을 통해 다양한 짝을 유혹할 수 있게 된다. 그러나 어떤 연령대이든 짝으로서의 바람직한 자질을 갖추지 못한 남자들은 이러한 혜택을 얻지 못하거나 짝짓기에서 완전히 배제되기도 한다.

① (가)~(라)는 짝짓기를 위한 동성 간의 경쟁이 어떻게 전개되는지를 설명하고 있다.

② (나)~(라)는 수요와 공급의 원리에 근거하여 사회현상을 해석하고 있다.

③ (가), (다)는 짝짓기 경쟁으로 인하여 성비의 불균형이 발생한다고 보고 있고, (나), (라)는 성비의 불균형으로 인하여 짝짓기 경쟁이 발생한다고 보고 있다.

④ (가), (라)에서는 남자의 입장이, (나)에서는 여자의 입장이 강조되고 있다.

30 다음 글을 읽고 '이것'에 대한 설명으로 가장 적절한 것은?

> 미국 코넬 대학교 심리학과 연구팀은 본교 32명의 여대생을 대상으로 미국의 식품산업 전반에 대한 의견 조사를 실시하였다. '텔레비전에 등장하는 음식 광고가 10년 전에 비해 줄었는지 아니면 늘었는지'를 중심으로 여러 가지 질문을 던졌다. 모든 조사가 끝난 후 설문에 참가한 여대생들에게 다이어트 여부에 대한 추가 질문을 하였다. 식사량에 신경을 쓰고 있는지, 지방이 많은 음식은 피하려고 노력하고 있는지 등에 대한 질문들이었다. 현재 다이어트에 신경 쓰고 있는 여대생들은 그렇지 않은 여대생보다 텔레비전의 식품 광고가 더 늘었다고 인식한 분석 결과가 나타났다. 이들은 서로 다른 텔레비전 프로그램을 봤기 때문일까? 물론 그렇지 않다. 이유는 간단하다. 다이어트를 하는 여대생들은 음식에 대한 '이것'으로 세상을 보고 있었기 때문이다.
>
> 코넬 대학교 연구팀은 미국의 한 초등학교 교사와 교직원을 대상으로 아동들이 직면하고 있는 위험 요소가 5년 전에 비하여 증가했는지 감소했는지 조사했다. 그런 다음 응답자들에게 신상 정보를 물었는데, 그 중 한 질문이 첫 아이가 태어난 연도였다. 그 5년 사이에 첫 아이를 낳은 응답자와 그렇지 않은 응답자의 위험 지각 정도를 비교했다. 그 기간 동안에 부모가 된 교사와 직원들이, 그렇지 않은 사람들에 비해 아이들이 직면한 위험 요소가 훨씬 더 늘었다고 답했다. 부모가 되는 순간 세상을 위험한 곳으로 인식하기 시작하는 것이다. 그런 이유로 이들은 영화나 드라마에 등장하는 'F'로 시작하는 욕도 더 예민하게 받아들인다. 이 점에 대해 저널리스트 엘리자베스 오스틴은 이렇게 지적한다. "부모가 되고 나면 영화, 케이블 TV, 음악 그리고 자녀가 없는 친구들과의 대화 중에 늘 등장하는 비속어에 매우 민감해진다." 이처럼 우리가 매일 보고 듣는 말이나 그 내용은 개개인의 '이것'에 의해 결정된다.

① 자기 자신의 관심에 따라 세상을 규정하는 사고방식이다.

② 자기 자신에 의존하여 자신이 모든 것을 결정하려고 하는 욕구이다.

③ 특정한 부분에 순간적으로 집중하여 선택적으로 지각하는 능력이다.

④ 어떤 일에 깊이 몰입해서 자기 자신을 분명하게 자각하려는 태도이다.

┃1~5┃ 다음에 나열된 숫자의 규칙을 찾아 빈칸에 들어가기 적절한 수를 고르시오.

1

$$\frac{1}{3} \quad \frac{4}{5} \quad \frac{13}{9} \quad \frac{40}{17} \quad \frac{121}{33} \quad (\quad) \quad \frac{1093}{129}$$

① $\dfrac{364}{65}$　　　　　　　　② $\dfrac{254}{53}$

③ $\dfrac{413}{48}$　　　　　　　　④ $\dfrac{197}{39}$

2

$$\frac{1}{2} \quad \frac{1}{3} \quad \frac{2}{6} \quad \frac{3}{18} \quad (\quad) \quad \frac{8}{1944} \quad \frac{13}{209952}$$

① $\dfrac{8}{83}$　　　　　　　　② $\dfrac{6}{91}$

③ $\dfrac{5}{108}$　　　　　　　　④ $\dfrac{4}{117}$

3

$$10 \quad 2 \quad \frac{17}{2} \quad \frac{9}{2} \quad 7 \quad 7 \quad \frac{11}{2} \quad (\ \ )$$

① $\dfrac{13}{2}$ ② $\dfrac{15}{2}$

③ $\dfrac{17}{2}$ ④ $\dfrac{19}{2}$

4

20 10 3   30 5 7   40 5 ( )

① 8 ② 9

③ 10 ④ 11

5

1 2 6   2 3 ( )   3 4 28

① 12 ② 13

③ 14 ④ 15

6 그림과 같이 가로의 길이가 2, 세로의 길이가 1인 직사각형이 있다. 이 직사각형과 넓이가 같은 정사각형의 한 변의 길이는?

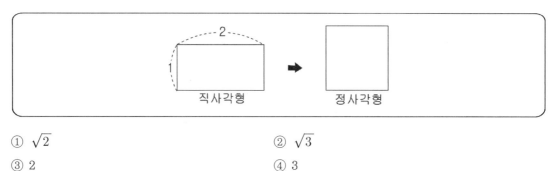

① $\sqrt{2}$

② $\sqrt{3}$

③ 2

④ 3

7 피자 1판의 가격이 치킨 1마리의 가격의 2배인 가게가 있다. 피자 3판과 치킨 2마리의 가격의 합이 80,000원일 때, 피자 1판의 가격은?

① 12,000원

② 15,000원

③ 18,000원

④ 20,000원

8 현재 어머니의 나이는 아버지 나이의 $\frac{4}{5}$ 이다. 2년 후면 아들의 나이는 아버지의 나이의 $\frac{1}{3}$ 이 되며, 아들과 어머니의 나이를 합하면 65세가 된다. 현재 3명의 나이를 모두 합하면 얼마인가?

① 112세

② 116세

③ 120세

④ 124세

9 소금물 300g에서 물 110g을 증발시킨 후 소금 10g을 더 녹였더니 농도가 처음 농도의 2배가 되었다. 처음 소금물의 농도는 얼마인가?

① 8%　　　　　　　　　　　　　　② 9%

③ 10%　　　　　　　　　　　　　 ④ 11%

10 그림과 같이 P도시에서 Q도시로 가는 길은 3가지이고, Q도시에서 R도시로 가는 길은 2가지이다. P도시를 출발하여 Q도시를 거쳐 R도시로 가는 방법은 모두 몇 가지인가?

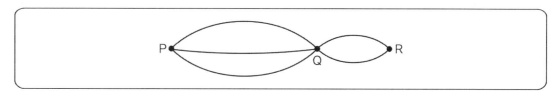

① 3가지　　　　　　　　　　　　② 4가지

③ 5가지　　　　　　　　　　　　④ 6가지

11 2진법의 수 10001과 5진법의 수 1220의 실제 수의 합은?

① 185　　　　　　　　　　　　　② 197

③ 202　　　　　　　　　　　　　④ 215

12 서원이는 집에서 중학교까지 19km를 통학한다. 집으로부터 자전거로 30분 동안 달린 후 20분 동안 걸어서 중학교에 도착했다면 걷는 속도는 분당 몇 km인가? (단, 자전거는 분속 0.5km로 간다고 가정한다.)

① 0.2km   ② 0.4km

③ 0.6km   ④ 0.8km

13 정수는 6명의 친구들과 저녁 식사를 했다. 평균 한 사람당 12,000원씩 낸 것과 같다면 친구들은 얼마씩 낸 것인가? (단, 정수가 음료수 값도 함께 계산하기로 하여 24,000원을 먼저 내고, 나머지 친구들은 동일한 금액으로 나누어 냈다.)

① 9,000원   ② 9,500원

③ 10,000원   ④ 10,500원

14 수지는 2017년 1월 1일부터 휴대폰을 개통하여 하루에 쓰는 통화요금은 1,800원이다. 3월 16일까지 사용한 양은 1,500분으로 총 135,000원이 누적되었을 때, 하루에 통화한 시간은?

① 10분   ② 15분

③ 20분   ④ 25분

15 제15회 한국사능력검정시험 고급에 남자가 75명, 여자가 25명이 응시하고, 시험 평균은 여자가 76점이다. 남녀 전체 평균 점수가 73점일 때 남자의 평균 점수는?

① 72점   ② 73점

③ 74점   ④ 75점

16 물통을 가득 채울 때 관 A의 경우 5시간, 관 B의 경우 7시간이 걸리고, 처음 1시간은 A관만 사용하여 물통에 물을 채우고, 이후의 시간동안은 A관과 B관을 동시에 사용하여 물통에 물을 채웠을 때, 물통에 물이 가득 찰 때까지 몇 시간이 걸리는가?

① 2시간 20분   ② 2시간 40분

③ 3시간 20분   ④ 3시간 40분

17 8%의 소금물 150g에 소금 x g을 섞었더니 31%의 소금물이 되었다. 추가된 소금의 양은 얼마인가?

① 20g   ② 30g

③ 40g   ④ 50g

18 미정이의 올해 연봉은 작년에 비해 20% 인상되고 500만 원의 성과급을 받았는데 이 금액은 60%의 연봉을 인상한 것과 같다면 올해 연봉은 얼마인가?

① 1,400만 원

② 1,500만 원

③ 1,600만 원

④ 1,700만 원

19 두 자리의 자연수에 대하여 각 자리의 숫자의 합은 11이고, 이 자연수의 십의 자리 숫자와 일의 자리 숫자를 바꾼 수의 3배보다 5 큰 수는 처음 자연수와 같다고 한다. 처음 자연수의 십의 자리 숫자는?

① 9

② 7

③ 5

④ 3

20 갑동이는 올해 10살이다. 엄마의 나이는 갑동이와 누나의 나이를 합한 값의 두 배이고, 3년 후의 엄마의 나이는 누나의 나이의 세 배일 때, 올해 누나의 나이는 얼마인가?

① 12세

② 13세

③ 14세

④ 15세

21 다음과 같은 우리나라 개인소유 주택의 단독 · 공동 소유 현황을 올바르게 설명한 내용은 어느 것인가?

(단위 : 천 호)

구분	2016년		2017년		증감	
	주택	아파트	주택	아파트	주택	아파트
전체	14,521	8,426	14,964	8,697	443	271
단독소유	12,923	7,455	13,217	7,645	294	190
공동소유	1,598	971	1,747	1,052	149	81
2인	1,434	924	1,571	1,004	137	80
3인	99	37	109	38	10	1
4인	30	6	32	6	2	0
5인 이상	35	4	35	4	0	-0

※ 단, 계산 값은 소수점 둘째 자리에서 반올림 한다.

① 전체 개인소유 주택에서 단독소유 주택이 차지하는 비중은 2017년에 더 증가하였다.

② 2인 공동소유 주택보다 3인 공동소유 주택 수의 전년 대비 증가율이 더 크다.

③ 전체 공동소유 아파트 중, 2인 공동소유 아파트가 차지하는 비중은 2017년에 더 감소하였다.

④ 2017년 전체 아파트 수의 전년 대비 증가율은 3%에 못 미친다.

22 다음은 연도별 우리나라의 칠레산 농축산물 수입액 추이에 관한 자료이다. 2012년에 우리나라 총 수입에서 칠레산 상품이 차지하는 비율이 두 번째로 낮은 상품의 2003년 대비 2013년의 수입액 증가율을 구하면?

(단위 : 천 달러, %)

구분	2003년	2008년	2012년	2013년
농산물	21,825(0.4)	109,052(0.8)	222,161(1.2)	268,655(1.4)
포도	13,656(35.1)	64,185(58.2)	117,935(60.3)	167,016(71.1)
키위	1,758(7.8)	3,964(6.9)	12,391(18.5)	11,998(27.6)
축산물	30,530(1.4)	92,492(2.8)	135,707(2.9)	114,442(2.4)
돼지고기	30,237(15.4)	89,508(10.2)	125,860(10.4)	102,477(11.2)
임산물	16,909(0.9)	37,518(1.3)	355,332(5.9)	398,595(6.1)

※ 괄호 안의 숫자는 우리나라 총 수입에서 칠레산이 차지하는 비율이다.

① 246.8% ② 251.6%

③ 268.4% ④ 274.9%

23 다음은 우리나라의 연도별 유소년 인구 및 생산연령 인구와 고령 인구의 비중 추이를 나타낸 자료이다. 다음 자료를 올바르게 이해하지 못한 설명은 어느 것인가?

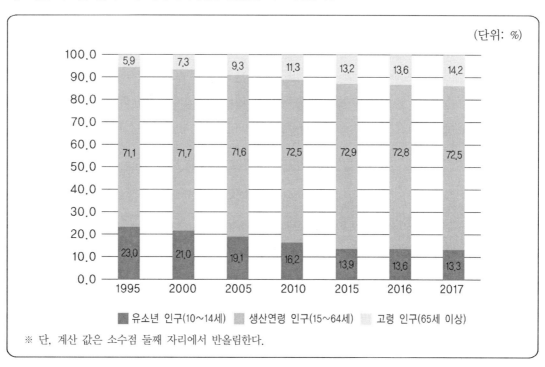

① 고령 인구 비중은 매년 꾸준히 증가하고 있다.

② 각 연령대의 인구 비중이 가장 높았던 해는 세 연령대 모두 다르다.

③ 유소년 인구 비중의 5년 전 대비 감소율은 2010년이 2015년보다 더 크다.

④ 유소년 인구와 생산연령 인구 비중의 연도별 증감 추이는 동일하다.

24 다음은 건축물별 면적에 관한 자료이고, 기록하는 과정에서 오류가 발견되어 자료를 다시 수정해야 한다. 해당 자료를 수정했을 때, 7개 건축물 면적의 평균은?

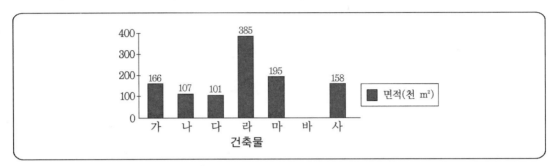

〈오류〉

㉠ '나'의 면적은 '다'와 동일하다.

㉡ '라'의 면적은 실제보다 '나'의 면적의 2배 값이 더해졌다.

㉢ '바'의 면적은 '가', '나', '다'의 면적 합보다 22(천 m²)이 크다.

① 157.8(천 m²)

② 168.2(천 m²)

③ 175.6(천 m²)

④ 184.9(천 m²)

25 다음은 학생별 독서량에 관한 자료이다. 다음 중 갑의 독서량과 해당 독서량이 전체에서 차지하는 비율로 묶여진 것은? (단, 여섯 학생의 평균 독서량은 을의 독서량보다 3배 많다.)

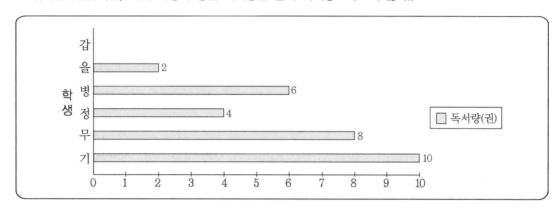

	갑의 독서량	갑의 독서량이 전체에서 차지하는 비율
①	4권	14.5%
②	5권	15.9%
③	6권	16.7%
④	7권	17.2%

26 다음은 □□공사의 2018년도 열 판매량에 대한 자료이다. 이에 대한 설명으로 옳은 것을 고르면?

월별	열(Gcal)				
	주택용	업무용	공공용	냉수용	계
1월	2,473,846	286,021	59,522	8,541	2,827,929
2월	2,068,026	230,144	48,880	7,831	2,354,881
3월	1,357,206	125,591	30,745	9,693	1,523,235
4월	784,247	63,821	13,980	11,350	873,397
5월	452,393	63,493	11,209	19,413	546,508
6월	260,671	93,682	14,657	29,266	398,277
7월	197,904	150,497	24,161	42,638	415,200
8월	127,182	162,563	25,835	46,347	361,926
9월	236,296	77,769	11,691	19,666	345,422
10월	689,807	54,449	12,190	13,936	770,382
11월	1,210,779	107,506	28,310	10,031	1,356,626
12월	2,157,899	238,718	52,081	9,370	2,458,068
계	12,016,257	1,654,254	333,258	228,082	14,231,852

※ 상반기(1~6월), 하반기(7~12월) / 하계(6~8월), 동계(12~2월)

※ 단, 계산 값은 소수점 둘째 자리에서 반올림한다.

① 모든 월에서 업무용 열 판매량은 주택용 열 판매량보다 적다.

② 8월 냉수용 열 판매량의 전월 대비 증가율은 동월(同月) 공공용 열 판매량의 전월 대비 증가율 보다 낮다.

③ 상반기의 업무용 열 판매량의 평균 판매량은 하반기의 업무용 열 판매량의 평균 판매량보다 많다.

④ 하계기간 냉수용 열 판매량의 총합은 동계기간 냉수용 열 판매량의 총합의 5배 이상이다.

27 서원모바일은 이번에 회사에서 전략 마케팅으로 자동차가 가장 적게 운행되고 있는 도시에서 행사를 진행하기로 하였다. 다음 중 후보도시로 가장 적절한 곳은?

도시	인구수(만 명)	자동차 대수(만 명당)
Ⓐ	90	200
Ⓑ	70	250
Ⓒ	60	350
Ⓓ	50	400

① Ⓐ ② Ⓑ

③ Ⓒ ④ Ⓓ

28 민경이는 $10 \times 10 \text{m}^2$의 동아리방에 매트를 깔려고 한다. 다음 중 가장 저렴하게 구매할 수 있는 매트는?

> ㉠ A 놀이매트($1 \times 1 \text{m}^2$) : 1세트(20개) 10만 원
>   ※ 5세트 구매 시 1세트 무료 증정
> ㉡ B 어린이매트($1 \times 1 \text{m}^2$) : 1세트(25개) 15만 원
> ㉢ C 보호매트($1 \times 2 \text{m}^2$) : 1세트(10개) 7만 원
> ㉣ D 환경매트($1 \times 2 \text{m}^2$) : 1세트(10개) 10만 원
>   ※ 2세트 구매 시 단품 5개 증정

① ㉠ ② ㉡

③ ㉢ ④ ㉣

29 A씨는 30 % 할인 행사 중인 백화점에 갔다. 매장에 도착하니 당일 구매물품의 정가 총액에 따라 아래의 〈혜택〉중 하나를 택할 수 있다고 한다. 정가 10만 원짜리 상의와 15만 원짜리 하의를 구입하고자 한다. 옷을 하나 이상 구입하여 일정 혜택을 받고 교통비를 포함해 총비용을 계산할 때, 〈보기〉의 설명 중 옳은 것을 모두 고르면? (단, 1회 왕복교통비는 5천 원이고, 소요시간 등 기타사항은 금액으로 환산하지 않는다)

〈혜택〉
- 추가할인 : 정가 총액이 20만 원 이상이면, 할인된 가격의 5%를 추가로 할인
- 할인쿠폰 : 정가 총액이 10만 원 이상이면, 세일기간이 아닌 기간에 사용할 수 있는 40% 할인권 제공

〈보기〉
㉠ 오늘 상·하의를 모두 구입하는 것이 가장 싸게 구입하는 방법이다.
㉡ 상·하의를 가장 싸게 구입하면 17만 원 미만의 비용이 소요된다.
㉢ 상·하의를 가장 싸게 구입하는 경우와 가장 비싸게 구입하는 경우의 비용 차이는 1회 왕복 교통비 이상이다.
㉣ 오늘 하의를 구입하고, 세일기간이 아닌 기간에 상의를 구입하면 17만 5천 원이 든다.

① ㉠㉡
② ㉠㉢
③ ㉡㉢
④ ㉢㉣

30 지헌이는 생활이 어려워 수집했던 고가의 피규어를 인터넷 경매를 통해 판매하려고 한다. 경매 방식과 규칙, 예상 응찰 현황이 다음과 같을 때, 경매 결과를 바르게 예측한 것은?

> • 경매 방식 : 각 상품은 따로 경매하거나 묶어서 경매
>
> • 경매 규칙
>
> − 낙찰자 : 최고가로 입찰한 자
>
> − 낙찰가 : 두 번째로 높은 입찰가
>
> − 두 상품을 묶어서 경매할 경우 낙찰가의 5%를 할인해 준다.
>
> − 입찰자는 낙찰가의 총액이 100,000원을 초과할 경우 구매를 포기한다.
>
> • 예상 응찰 현황
>
> | 입찰자 | A 입찰가 | B 입찰가 | 합계 |
> |---|---|---|---|
> | 甲 | 20,000 | 50,000 | 70,000 |
> | 乙 | 30,000 | 40,000 | 70,000 |
> | 丙 | 40,000 | 70,000 | 110,000 |
> | 丁 | 50,000 | 30,000 | 80,000 |
> | 戊 | 90,000 | 10,000 | 100,000 |
> | 己 | 40,000 | 80,000 | 120,000 |
> | 庚 | 10,000 | 20,000 | 30,000 |
> | 辛 | 30,000 | 10,000 | 40,000 |

① 두 상품을 묶어서 경매한다면 낙찰자는 己이다.

② 경매 방식에 상관없이 지헌이의 예상 수입은 동일하다.

③ 두 상품을 따로 경매한다면 얻는 수입은 120,000원이다.

④ 낙찰가의 총액이 100,000원이 넘을 경우 낙찰받기 유리하다.

03 문제해결능력

1 다음 글의 내용이 모두 참일 때 반드시 참인 것만을 모두 고른 것은?

> A부서에서는 올해부터 직원을 선정하여 국외 연수를 보내기로 하였다. 선정 결과 동근, 현구, 상민이 미국, 중국, 프랑스에 한 명씩 가기로 하였다. A부서에 근무하는 갑 ~ 정은 다음과 같이 예측을 하였다.
>
> 갑 : 동근씨는 미국에 가고 현구씨는 프랑스에 갈 거야.
> 을 : 현구씨가 프랑스에 가지 않으면, 동근씨는 미국에 가지 않을 거야.
> 병 : 현구씨가 프랑스에 가고 상민씨가 중국에 가는 그런 경우는 없을 거야.
> 정 : 상민씨는 중국에 가지 않고 동근씨는 미국에 가지 않을 거야.
>
> 하지만 을의 예측과 병의 예측 중 적어도 한 예측은 그르다는 것과 네 예측 중 두 예측은 옳고 나머지 두 예측은 그르다는 것이 밝혀졌다.

> ㉠ 동근씨는 미국에 간다.
> ㉡ 현구씨는 프랑스에 가지 않는다.
> ㉢ 상민씨는 중국에 가지 않는다.

① ㉠
② ㉡
③ ㉠㉢
④ ㉡㉢

2 다음 논증에 대한 평가로 적절한 것만을 모두 고른 것은?

평범한 사람들은 어떤 행위가 의도적이었는지의 여부를 어떻게 판단할까? 다음 사례를 생각해 보자.

사례 1 : "새로운 사업을 시작하면 수익을 창출할 것이지만, 환경에 해를 끼치게 될 것입니다."하는 보고를 받은 어느 회사의 사장은 다음과 같이 대답을 하였다. "환경에 해로운지 따위는 전혀 신경 쓰지 않습니다. 가능한 한 많은 수익을 내기를 원할 뿐입니다. 그 사업을 시작합시다." 회사는 새로운 사업을 시작하였고, 환경에 해를 입혔다.

사례 2 : "새로운 사업을 시작하면 수익을 창출할 것이고, 환경에 도움이 될 것입니다"라는 보고를 받은 어느 회사의 사장은 다음과 같이 대답하였다. "환경에 도움이 되는지 따위는 전혀 신경 쓰지 않습니다. 가능한 한 많은 수익을 내기를 원할 뿐입니다. 그 사업을 시작합시다." 회사는 새로운 사업을 시작했고, 환경에 도움이 되었다.

위 사례들에서 사장이 가능한 한 많은 수익을 내는 것을 의도했다는 것은 분명하다. 그렇다면 사례 1의 사장은 의도적으로 환경에 해를 입혔는가? 사례 2의 사장은 의도적으로 환경에 도움을 주었는가? 일반인을 대상으로 한 설문조사 결과, 사례 1의 경우 '의도적으로 환경에 해를 입혔다.'고 답한 사람은 82%에 이르렀지만, 사례 2의 경우 '의도적으로 환경에 도움을 주었다.'고 답한 사람은 23%에 불과하였다. 따라서 특정 행위 결과를 행위자가 의도했는가에 대한 사람들의 판단은 그 행위 결과의 도덕성 여부에 대한 판단에 의존한다고 결론을 내릴 수 있다.

㉠ 위 설문조사에 응한 사람들의 대부분이 환경에 대한 영향과 도덕성은 무관하다고 생각한다는 사실은 위 논증을 약화한다.

㉡ 위 설문조사 결과는, 부도덕한 의도를 가지고 부도덕한 결과를 낳는 행위를 한 행위자가 그런 의도 없이 같은 결과를 낳는 행위를 한 행위자보다 그 행위 결과에 대해 더 큰 도덕적 책임을 갖는다는 것을 지지한다.

㉢ 두 행위자가 동일한 부도덕한 결과를 의도했음이 분명한 경우, 그러한 결과를 달성하지 못한 행위자는 도덕적 책임을 갖지 않지만 그러한 결과를 달성한 행위자는 도덕적 책임을 갖는다고 판단하는 사람이 많다는 사실은 위 논증을 강화한다.

① ㉠　　　　　　　　　　　　　　　　② ㉡

③ ㉠㉢　　　　　　　　　　　　　　　④ ㉡㉢

3 다음 글의 내용이 참일 때, 반드시 거짓인 것은?

> - 착한 사람들 중에서 똑똑한 여자는 모두 인기가 많다.
> - 똑똑한 사람들 중에서 착한 남자는 모두 인기가 많다.
> - "인기가 많지 않지만 멋진 남자가 있다"라는 말은 거짓이다.
> - 영희는 멋지지 않지만 똑똑한 여자이다.
> - 철수는 인기는 많지 않지만 착한 남자이다.
> - 여자든 남자든 당연히 사람이다.

① 철수는 똑똑하지 않다.

② 철수는 멋지거나 똑똑하다.

③ 똑똑하지만 멋지지 않은 사람이 있다.

④ "똑똑하지만 인기가 많지 않은 여자가 있다"라는 말이 거짓이라면, 영희는 인기가 많다.

4 다음 글의 내용이 참일 때, 반드시 참인 것만을 모두 고른 것은?

> 이번에 우리 공장에서 발생한 화재사건에 대해 조사해 보았습니다. 화재의 최초 발생 장소는 A지역으로 추정됩니다. 화재의 원인에 대해서는 여러 가지 의견이 존재합니다.
>
> 첫째, 화재의 원인을 새로 도입한 기계 M의 오작동으로 보는 견해가 존재합니다. 만약 기계 M의 오작동이 화재의 원인이라면 기존에 같은 기계를 도입했던 X공장과 Y공장에서 이미 화재가 발생했을 것입니다. 확인 결과 이미 X공장에서 화재가 발생했었다는 것을 파악할 수 있었습니다.
>
> 둘째, 방화로 인한 화재의 가능성이 존재합니다. 만약 화재의 원인이 방화일 경우 감시카메라에 수상한 사람이 찍히고 방범용 비상벨이 작동했을 것입니다. 또한 방범용 비상벨이 작동했다면 당시 근무 중이던 경비원 갑이 B지역과 C지역 어느 곳으로도 화재가 확대되지 않도록 막았을 것입니다. B지역으로 화재가 확대되지는 않았고, 감시카메라에서 수상한 사람을 포착하여 조사 중에 있습니다.
>
> 셋째, 화재의 원인이 시설 노후화로 인한 누전일 가능성도 제기되고 있습니다. 화재의 원인이 누전이라면 기기관리자 을 또는 시설관리자 병에게 화재의 책임이 있을 것입니다. 만약 을에게 책임이 있다면 정에게는 책임이 없습니다.

> ㉠ 이번 화재 전에 Y공장에서 화재가 발생했어도 기계 M의 오작동이 화재의 원인은 아닐 수 있다.
> ㉡ 병에게 책임이 없다면, 정에게도 책임이 없다.
> ㉢ C지역으로 화재가 확대되었다면, 방화는 이번 화재의 원인이 아니다.
> ㉣ 정에게 이번 화재의 책임이 있다면, 시설 노후화로 인한 누전이 이번 화재의 원인이다.

① ㉠㉢

② ㉠㉣

③ ㉠㉡㉢

④ ㉡㉢㉣

5 다음 글의 내용이 참일 때 반드시 참이라고 할 수 없는 것은?

- 철이는 영이를 좋아하거나 돌이는 영이를 좋아하거나 석이가 영이를 좋아한다.
- 물론 철이, 돌이, 석이가 동시에 영이를 좋아할 수도 있고, 그들 중 어느 두 사람이 영이를 좋아할 수도 있다.
- 다시 말해서 철이, 돌이, 석이 중 적어도 한 사람은 영이를 좋아한다.
- 그런데 철이가 영이를 좋아한다면 영이는 건강한 여성임이 분명하다.
- 그리고 돌이가 좋아하는 사람은 모두 능력이 있는 사람이다.
- 영이가 원만한 성격의 소유자인 경우에만 석이는 영이를 좋아한다.

① 영이는 건강한 여성이거나 능력이 있거나 또는 원만한 성격의 소유자이다.

② 철이와 석이 둘 다 영이를 좋아하지 않는다면, 영이는 능력이 있는 사람이다.

③ 영이가 건강한 여성이 아니라면, 돌이는 영이를 좋아하거나 석이가 영이를 좋아한다.

④ 영이가 원만한 성격의 소유자라면, 철이와 돌이 둘 모두 영이를 좋아하지 않는다.

6 다음에 설명하고 있는 문제해결 방법은?

　　상이한 문화적 배경을 가지고 있는 구성원을 가정하고, 서로의 생각을 직설적으로 주장하고 논쟁이나 협상을 통해 서로의 의견을 조정해 가는 방법

① 소프트 어프로치

② 하드 어프로치

③ 퍼실리테이션

④ 3C 분석

7 다음은 3C 분석을 위한 도표이다. 빈칸에 들어갈 질문으로 옳지 않은 것은?

구분	내용
고객/시장(Customer)	• 우리의 현재와 미래의 고객은 누구인가? • _____ ㉠ _____ • _____ ㉡ _____ • 시장의 주 고객들의 속성과 특성은 어떠한가?
경쟁사(Competitor)	• _____ ㉢ _____ • 현재의 경쟁사들의 강점과 약점은 무엇인가? • 경쟁사의 최근 수익률 동향은 어떠한가?
자사(Company)	• 해당 사업이 기업의 목표와 일치하는가? • 기존 사업의 마케팅과 연결되어 시너지효과를 낼 수 있는가? • _____ ㉣ _____

① ㉠ : 새로운 경쟁사들이 시장에 진입할 가능성은 없는가?

② ㉡ : 성장 가능성이 있는 사업인가?

③ ㉢ : 고객들은 경쟁사에 대해 어떤 이미지를 가지고 있는가?

④ ㉣ : 인적 · 물적 · 기술적 자원을 보유하고 있는가?

┃8~9┃ 甲은 일본 후쿠오카로 출장을 가게 되었다. 출장에서 들러야 할 곳은 지요겐초구치(H03), 무로미(K02), 후쿠오카공항(K13), 자야미(N09), 덴진미나미(N16)의 다섯 곳으로, 모든 이동은 지하철로 하는데 지하철이 한 정거장을 이동하는 데에는 3분이 소요되며 다른 노선으로 환승을 하는 경우에는 10분이 소요된다. 다음 물음에 답하시오.

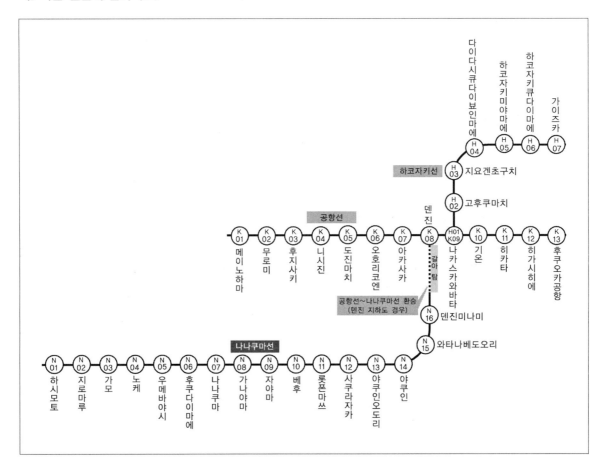

8 甲은 지금 후쿠오카공항역에 있다. 현재 시간이 오전 9시라면, 지요겐초구치역에 도착하는 시간은?

① 9시 25분

② 9시 28분

③ 9시 31분

④ 9시 34분

9 지요겐초구치 → 무로미 → 후쿠오카공항 → 자야미 → 덴진미나미의 순으로 움직인다면, 덴진역은 총 몇 번 지나는가?

① 1번

② 2번

③ 3번

④ 4번

10 甲회사 인사부에 근무하고 있는 H부장은 각 과의 요구를 모두 충족시켜 신규직원을 배치하여야 한다. 각 과의 요구가 다음과 같을 때 홍보과에 배정되는 사람은 누구인가?

〈신규직원 배치에 대한 각 과의 요구〉
• 관리과 : 5급이 1명 배정되어야 한다.
• 홍보과 : 5급이 1명 배정되거나 6급이 2명 배정되어야 한다.
• 재무과 : B가 배정되거나 A와 E가 배정되어야 한다.
• 총무과 : C와 D가 배정되어야 한다.

〈신규직원〉
• 5급 2명(A, B)
• 6급 4명(C, D, E, F)

① A와 B   ② C와 D
③ D와 F   ④ E와 F

11 다음 주어진 전제가 참일 때 결론으로 옳은 것은?

[전제]
• 사람을 좋아하는 사람은 동호회를 선호하는 사람이다.
• 책을 좋아하는 사람은 동호회를 선호하지 않는 사람이다.
• 나는 동호회를 선호하는 사람이다.

[결론]
• _____

① 나는 사람과 책을 좋아한다.
② 나는 사람을 좋아하지 않는다.
③ 동호회를 선호하는 사람은 사람을 좋아한다.
④ 나는 책을 좋아하지 않는 사람이다.

▌12~13▐ 다음은 ○○협회에서 주관한 학술세미나 일정에 관한 것으로 다음 세미나를 준비하는 데 필요한 일, 각각의 일에 걸리는 시간, 일의 순서 관계를 나타낸 표이다. 제시된 표를 바탕으로 물음에 답하시오. (단, 모든 작업은 동시에 진행할 수 없다)

▣ 세미나 준비 현황

구분	작업	작업시간(일)	먼저 행해져야 할 작업
가	세미나 장소 세팅	1	바
나	현수막 제작	2	다, 마
다	세미나 발표자 선정	1	라
라	세미나 기본계획 수립	2	없음
마	세미나 장소 선정	3	라
바	초청자 확인	2	라

12 현수막 제작을 시작하기 위해서는 최소 며칠이 필요하겠는가?

① 3일   ② 4일

③ 5일   ④ 6일

13 세미나 기본계획 수립에서 세미나 장소 세팅까지 모든 작업을 마치는 데 필요한 시간은?

① 10일   ② 11일

③ 12일   ④ 13일

14 다음으로부터 바르게 추론한 것으로 옳은 것을 보기에서 고르면?

- 5개의 갑, 을, 병, 정, 무 팀이 있다.
- 현재 '갑'팀은 0개, '을'팀은 1개, '병'팀은 2개, '정'팀은 2개, '무'팀은 3개의 프로젝트를 수행하고 있다.
- 8개의 새로운 프로젝트 a, b, c, d, e, f, g, h를 5개의 팀에게 분배하려고 한다.
- 5개의 팀은 새로운 프로젝트 1개 이상을 맡아야 한다.
- 기존에 수행하던 프로젝트를 포함하여 한 팀이 맡을 수 있는 프로젝트 수는 최대 4개이다.
- 기존의 프로젝트를 포함하여 4개의 프로젝트를 맡은 팀은 2팀이다.
- 프로젝트 a, b는 한 팀이 맡아야 한다.
- 프로젝트 c, d, e는 한 팀이 맡아야 한다.

〈보기〉

㉠ a를 '을'팀이 맡을 수 없다.
㉡ f를 '갑'팀이 맡을 수 있다.
㉢ 기존에 수행하던 프로젝트를 포함해서 2개의 프로젝트를 맡는 팀이 있다.

① ㉠㉡
② ㉡㉢

③ ㉠㉢
④ ㉠㉡㉢

15 G 음료회사는 신제품 출시를 위해 시제품 3개를 만들어 전직원을 대상으로 블라인드 테스트를 진행한 후 기획팀에서 회의를 하기로 했다. 독창성, 대중성, 개인선호도 세 가지 영역에 총 15점 만점으로 진행된 테스트 결과가 다음과 같을 때, 기획팀 직원들의 발언으로 옳지 않은 것은?

	독창성	대중성	개인선호도	총점
시제품 A	5	2	3	10
시제품 B	4	4	4	12
시제품 C	2	5	5	12

① 우리 회사의 핵심가치 중 하나가 창의성 아닙니까? 저는 독창성 점수가 높은 A를 출시해야 한다고 생각합니다.

② 독창성이 높아질수록 총점이 낮아지는 것을 보지 못하십니까? 저는 그 의견에 반대합니다.

③ 무엇보다 현 시점에서 회사의 재정상황을 타계하기 위해서는 대중성을 고려하여 높은 이윤이 날 것으로 보이는 C를 출시해야 하지 않겠습니까?

④ 그럼 독창성과 대중성, 개인선호도를 모두 고려하여 B를 출시하는 것이 어떻겠습니까?

16 사과 사탕, 포도 사탕, 딸기 사탕이 각각 2개씩 있다. 甲~戊 다섯 명의 사람 중 한 명이 사과 사탕 1개와 딸기 사탕 1개를 함께 먹고, 다른 네 명이 남은 사탕을 각각 1개씩 먹었다. 모두 진실을 말하였다고 할 때, 사과 사탕 1개와 딸기 사탕 1개를 함께 먹은 사람과 戊가 먹은 사탕을 옳게 짝지은 것은?

> 甲 : 나는 포도 사탕을 먹지 않았어.
> 乙 : 나는 사과 사탕만을 먹었어.
> 丙 : 나는 사과 사탕을 먹지 않았어.
> 丁 : 나는 사탕을 한 종류만 먹었어.
> 戊 : 너희 말을 다 듣고 아무리 생각해봐도 나는 딸기 사탕을 먹은 사람 두 명 다 알 수는 없어.

① 甲, 포도 사탕 1개

② 甲, 딸기 사탕 1개

③ 丙, 포도 사탕 1개

④ 戊, 사과 사탕 1개와 딸기 사탕 1개

▌17~18▐ 다음 5개의 팀에 인터넷을 연결하기 위해 작업을 하려고 한다. 5개의 팀 사이에 인터넷을 연결하기 위한 시간이 다음과 같을 때 제시된 표를 바탕으로 물음에 답하시오. (단, 가팀과 나팀이 연결되고 나팀과 다팀이 연결되면 가팀과 다팀이 연결된 것으로 간주한다)

구분	가	나	다	라	마
가	–	3	6	1	2
나	3	–	1	2	1
다	6	1	–	3	2
라	1	2	3	–	1
마	2	1	2	1	–

17 가팀과 다팀을 인터넷 연결하기 위해 필요한 최소의 시간은?

① 7시간   ② 6시간

③ 5시간   ④ 4시간

18 다팀과 마팀을 인터넷 연결하기 위해 필요한 최소의 시간은?

① 1시간   ② 2시간

③ 3시간   ④ 4시간

19 '가, 나, 다, 라, 마'가 일렬로 서있다. 아래와 같은 조건을 만족할 때, '가'가 맨 왼쪽에 서있을 경우, '나'는 몇 번째에 서있는가?

> • '가'는 '다' 바로 옆에 서있다.
> • '나'는 '라'와 '마' 사이에 서있다.

① 두 번째   ② 세 번째

③ 네 번째   ④ 다섯 번째

20 다음 글과 표를 근거로 판단할 때 세 사람 사이의 관계가 모호한 경우는?

- 조직 내에서 두 사람 사이의 관계는 '동갑'과 '위아래' 두 가지 경우로 나뉜다.
  - 두 사람이 태어난 연도가 같은 경우 입사년도에 상관없이 '동갑' 관계가 된다.
  - 두 사람이 태어난 연도가 다른 경우 '위아래' 관계가 된다. 이때 생년이 더 빠른 사람이 '윗사람', 더 늦은 사람이 '아랫사람'이 된다.
  - 두 사람이 태어난 연도가 다르더라도 입사년도가 같고 생년월일의 차이가 1년 미만이라면 '동갑' 관계가 된다.
- 두 사람 사이의 관계를 바탕으로 임의의 세 사람(A~C) 사이의 관계는 '명확'과 '모호' 두 가지 경우로 나뉜다.
  - A와 B, A와 C가 '동갑' 관계이고 B와 C 또한 '동갑' 관계인 경우 세 사람 사이의 관계는 '명확'하다.
  - A와 B가 '동갑' 관계이고 A가 C의 '윗사람', B가 C의 '윗사람'인 경우 세 사람 사이의 관계는 '명확'하다.
  - A와 B, A와 C가 '동갑' 관계이고 B와 C가 '위아래' 관계인 경우 세 사람 사이의 관계는 '모호'하다.

이름	생년월일	입사년도
甲	1992. 4. 11.	2017
乙	1991. 10. 3.	2017
丙	1991. 3. 1.	2017
丁	1992. 2. 14.	2017
戊	1993. 1 7.	2018

① 甲, 乙, 丙

② 甲, 乙, 丁

③ 甲, 丁, 戊

④ 丙, 丁, 戊

21 공연기획사인 A사는 이번에 주최한 공연을 보러 오는 관객을 기차역에서 공연장까지 버스로 수송하기로 하였다. 다음의 표와 같이 공연 시작 4시간 전부터 1시간 단위로 전체 관객 대비 기차역에 도착하는 관객의 비율을 예측하여 버스를 운행하고자 하며, 공연 시작 시간까지 관객을 모두 수송해야 한다. 다음을 바탕으로 예상한 수송 시나리오 중 옳은 것을 모두 고르면?

◼ 전체 관객 대비 기차역에 도착하는 관객의 비율

시각	전체 관객 대비 비율(%)
공연 시작 4시간 전	a
공연 시작 3시간 전	b
공연 시작 2시간 전	c
공연 시작 1시간 전	d
계	100

- 전체 관객 수는 40,000명이다.
- 버스는 한 번에 대당 최대 40명의 관객을 수송한다.
- 버스가 기차역과 공연장 사이를 왕복하는 데 걸리는 시간은 6분이다.

◼ 예상 수송 시나리오

㉠ a = b = c = d = 25라면, 회사가 전체 관객을 기차역에서 공연장으로 수송하는 데 필요한 버스는 최소 20대이다.

㉡ a = 10, b = 20, c = 30, d = 40이라면, 회사가 전체 관객을 기차역에서 공연장으로 수송하는 데 필요한 버스는 최소 40대이다.

㉢ 만일 공연이 끝난 후 2시간 이내에 전체 관객을 공연장에서 기차역까지 버스로 수송해야 한다면, 이때 회사에게 필요한 버스는 최소 50대이다.

① ㉠㉡   ② ㉡㉢

③ ㉠㉢   ④ ㉠㉡㉢

┃22∼23┃ 인사팀에 근무하는 S는 2017년도에 새롭게 변경된 사내 복지 제도에 따라 경조사 지원 내역을 정리하는 업무를 담당하고 있다. 다음을 바탕으로 물음에 답하시오.

❏ 2017년도 변경된 사내 복지 제도

종류	주요 내용
주택 지원	• 사택 지원(가∼사 총 7동 175가구) 최소 1년 최장 3년 • 지원 대상 − 입사 3년 차 이하 1인 가구 사원 중 무주택자(가∼다동 지원) − 입사 4년 차 이상 본인 포함 가구원이 3인 이상인 사원 중 무주택자(라∼사동 지원)
경조사 지원	• 본인/가족 결혼, 회갑 등 각종 경조사 시 • 경조금, 화환 및 경조휴가 제공
학자금 지원	• 대학생 자녀의 학자금 지원
기타	• 상병 휴가, 휴직, 4대 보험 지원

❏ 2017년도 1/4분기 지원 내역

이름	부서	직위	내역	변경 전	변경 후	금액(천원)
A	인사팀	부장	자녀 대학진학	지원 불가	지원 가능	2,000
B	총무팀	차장	장인상	변경 내역 없음		100
C	연구1팀	차장	병가	실비 지급	추가 금액 지원	50 (실비 제외)
D	홍보팀	사원	사택 제공(가−102)	변경 내역 없음		−
E	연구2팀	대리	결혼	변경 내역 없음		100
F	영업1팀	차장	모친상	변경 내역 없음		100
G	인사팀	사원	사택 제공(바−305)	변경 내역 없음		−
H	보안팀	대리	부친 회갑	변경 내역 없음		100
I	기획팀	차장	결혼	변경 내역 없음		100
J	영업2팀	과장	생일	상품권	기프트 카드	50
K	전략팀	사원	생일	상품권	기프트 카드	50

22 당신은 S가 정리해 온 2017년도 1/4분기 지원 내역을 확인하였다. 다음 중 잘못 구분된 사원은?

지원 구분	이름
주택 지원	D, G
경조사 지원	B, E, H, I, J, K
학자금 지원	A
기타	F, C

① B
② D
③ F
④ H

23 S는 2017년도 1/4분기 지원 내역 중 변경 사례를 참고하여 새로운 사내 복지 제도를 정리해 추가로 공시하려 한다. 다음 중 S가 정리한 내용으로 옳지 않은 것은?

① 복지 제도 변경 전후 모두 생일에 현금을 지급하지 않습니다.

② 복지 제도 변경 후 대학생 자녀에 대한 학자금을 지원해드립니다.

③ 변경 전과 달리 미혼 사원의 경우 입주 가능한 사택동 제한이 없어집니다.

④ 변경 전과 같이 경조사 지원금은 직위와 관계없이 동일한 금액으로 지원됩니다.

24 다음은 □□전자의 스마트폰 사용에 관한 조사 설계의 일부분이다. 본 설문조사의 목적으로 가장 적합하지 않은 것은?

---

1. 조사 목적

2. 과업 범위
① 조사 대상 : 서울과 수도권에 거주하고 있으며 최근 5년 이내에 스마트폰 변경 이력이 있고, 향후 1년 이내에 스마트폰 변경 의향이 있는 만 20~30세의 성인 남녀
② 조사 방법 : 구조화된 질문지를 이용한 온라인 조사
③ 표본 규모 : 총 1,000명

3. 조사 내용
① 시장 환경 파악 : 스마트폰 시장 동향 (사용기기 브랜드 및 가격, 기기사용 기간 등)
② 과거 스마트폰 변경 현황 파악 : 변경 횟수, 변경 사유 등
③ 향후 스마트폰 변경 잠재 수요 파악 : 변경 사유, 선호 브랜드, 변경 예산 등
④ 스마트폰 구매자를 위한 개선 사항 파악 : 스마트폰 구매자를 위한 요금할인, 사은품 제공 등 개선 사항 적용 시 스마트폰 변경 의향
⑤ 배경정보 파악 : 인구사회학적 특성 (연령, 성별, 거주 지역 등)

4. 결론 및 기대효과

---

① 스마트폰 구매자를 위한 요금할인 프로모션 시행의 근거 마련
② 평균 스마트폰 기기사용 기간 및 주요 변경 사유 파악
③ 광고 매체 선정에 참고할 자료 구축
④ 스마트폰 구매 시 사은품 제공 유무가 구입 결정에 미치는 영향 파악

25 다음은 폐기물관리법의 일부이다. 제시된 내용을 참고할 때 옳은 것은?

제00조 이 법에서 말하는 폐기물이란 쓰레기, 연소재, 폐유, 폐알칼리 및 동물의 사체 등으로 사람의 생활이나 사업활동에 필요하지 않게 된 물질을 말한다.

제00조

① 도지사는 관할 구역의 폐기물을 적정하게 처리하기 위하여 환경부장관이 정하는 지침에 따라 10년마다 '폐기물 처리에 관한 기본계획'(이하 '기본계획'이라 한다)을 세워 환경부장관의 승인을 받아야 한다. 승인사항을 변경하려 할 때에도 또한 같다. 이 경우 환경부장관은 기본계획을 승인하거나 변경승인하려면 관계 중앙행정기관의 장과 협의하여야 한다.

② 시장·군수·구청장은 10년마다 관할 구역의 기본계획을 세워 도지사에게 제출하여야 한다.

③ 제1항과 제2항에 따른 기본계획에는 다음 각 호의 사항이 포함되어야 한다.

  1. 관할 구역의 지리적 환경 등에 관한 개황

  2. 폐기물의 종류별 발생량과 장래의 발생 예상량

  3. 폐기물의 처리 현황과 향후 처리 계획

  4. 폐기물의 감량화와 재활용 등 자원화에 관한 사항

  5. 폐기물처리시설의 설치 현황과 향후 설치 계획

  6. 폐기물 처리의 개선에 관한 사항

  7. 재원의 확보계획

제00조

① 환경부장관은 국가 폐기물을 적정하게 관리하기 위하여 전조 제1항에 따른 기본계획을 기초로 '국가 폐기물관리 종합계획'(이하 '종합계획'이라 한다)을 10년마다 세워야 한다.

② 환경부장관은 종합계획을 세운 날부터 5년이 지나면 그 타당성을 재검토하여 변경할 수 있다.

---

① 재원의 확보계획은 기본계획에 포함되지 않아도 된다.

② A도 도지사가 제출한 기본계획을 승인하려면, 환경부장관은 관계 중앙행정기관의 장과 협의를 거쳐야 한다.

③ 환경부장관은 국가 폐기물을 적정하게 관리하기 위하여 10년마다 기본계획을 수립하여야 한다.

④ B군 군수는 5년마다 종합계획을 세워 환경부장관에게 제출하여야 한다.

1 다음 사례에서 민수의 행동 중 잘못된 행동은 무엇인가?

> 민수는 Y기업 판매부서의 부장이다. 그의 부서는 크게 3개의 팀으로 구성되어 있는데 이번에 그의 부서에서 본사의 중요한 프로젝트를 맡게 되었고 그는 세 팀의 팀장들에게 이번 프로젝트를 성공시키면 전원 진급을 시켜주겠다고 약속하였다. 각 팀의 팀장들은 민수의 말을 듣고 한 달 동안 야근을 하면서 마침내 거액의 계약을 따내게 되었다. 이로 인해 각 팀의 팀장들은 회사로부터 약간의 성과급을 받게 되었지만 정작 진급은 애초에 세 팀 중에 한 팀만 가능하다는 사실을 뒤늦게 통보받았다. 각 팀장들은 민수에게 불만을 표시했고 민수는 미안하게 됐다며 성과급 받은 것으로 만족하라는 말만 되풀이하였다.

① 상대방에 대한 이해
② 기대의 명확화
③ 사소한 일에 대한 관심
④ 약속의 불이행

2 다음 사례에서 유팀장이 부하직원들의 동기부여를 위해 행한 방법으로 옳지 않은 것은?

전자제품을 생산하고 있는 △△기업은 매년 신제품을 출시하는 것으로 유명하다. 그것도 시리즈 별로 하나씩 출시하기 때문에 실제로 출시되는 신제품은 1년에 2~3개가 된다. 이렇다 보니 자연히 직원들은 새로운 제품을 출시하고도 곧바로 또 다른 제품에 대한 아이디어를 내야하고 결국 이것이 스트레스로 이어져 업무에 대한 효율성이 떨어지게 되었다. 유팀장의 부하직원들 또한 이러한 이유로 고민을 하고 있다. 따라서 유팀장은 자신의 팀원들에게 아이디어를 하나씩 낼 때마다 게시판에 적힌 팀원들 이름 아래 스티커를 하나씩 붙이고 스티커가 다 차게 되면 휴가를 보내주기로 하였다. 또한 최근 들어 출시되는 제품들이 모두 비슷하기만 할 뿐 새로운 면을 찾아볼 수 없어 뭔가 혁신적인 기술을 제품에 넣기로 하였다. 특히 △△기업은 전자제품을 주로 취급하다 보니 자연히 보안에 신경을 쓸 수밖에 없었고 유팀장은 이 기회에 새로운 보안시스템을 선보이기로 하였다. 그리하여 부하직원들에게 지금까지 아무도 시도하지 못한 새로운 보안시스템을 개발해 보자고 제안하였고 팀원들도 그 의견에 찬성하였다. 나아가 유팀장은 직원들의 스트레스를 좀 더 줄이고 업무효율성을 극대화시키기 위해 기존에 유지되고 있던 딱딱한 업무환경을 개선할 필요가 있음을 깨닫고 직원들에게 자율적으로 출퇴근을 할 수 있도록 하는 한편 사내에 휴식공간을 만들어 수시로 직원들이 이용할 수 있도록 변화를 주었다. 그 결과 이번에 새로 출시된 제품은 △△기업 사상 최고의 매출을 올리며 큰 성과를 거두었고 팀원들의 사기 또한 하늘을 찌르게 되었다.

① 긍정적 강화법을 활용한다.
② 새로운 도전의 기회를 부여한다.
③ 지속적으로 교육한다.
④ 변화를 두려워하지 않는다.

3 대인관계능력을 구성하는 하위능력 중 현재 동신과 명섭의 팀에게 가장 필요한 능력은 무엇인가?

> 올해 E그룹에 입사하여 같은 팀에서 근무하게 된 동신과 명섭은 다른 팀에 있는 입사동기들과 외딴 섬으로 신입사원 워크숍을 가게 되었다. 그 곳에서 각 팀별로 1박 2일 동안 스스로 의 · 식 · 주를 해결하며 주어진 과제를 수행하는 임무가 주어졌는데 동신은 부지런히 섬 이 곳 저 곳을 다니며 먹을 것을 구해오고 숙박할 장소를 마련하는 등 솔선수범 하였지만 명섭은 단지 섬을 돌아다니며 경치 구경만 하고 사진 찍기에 여념이 없었다. 그리고 과제수행에 있어서도 동신은 적극적으로 임한 반면 명섭은 소극적인 자세를 취해 그 결과 동신과 명섭의 팀만 과제를 수행하지 못했고 결국 인사상의 불이익을 당하게 되었다.

① 리더십능력 ② 팀워크능력
③ 협상능력 ④ 고객서비스능력

4 다음 사례에 나타난 리더십 유형의 특징으로 옳은 것은?

> 이번에 새로 팀장이 된 대근은 입사 5년차인 비교적 젊은 팀장이다. 그는 자신의 팀에 있는 팀원들은 모두 나름대로의 능력과 경험을 가지고 있으며 자신은 그들 중 하나에 불과하다고 생각한다. 따라서 다른 팀의 팀장들과 같이 일방적으로 팀원들에게 지시를 내리거나 팀원들의 의견을 듣고 그 중에서 마음에 드는 의견을 선택적으로 추리는 등의 행동을 하지 않고 평등한 입장에서 팀원들을 대한다. 또한 그는 그의 팀원들에게 의사결정 및 팀의 방향을 설정하는데 참여할 수 있는 기회를 줌으로써 팀 내 행동에 따른 결과 및 성과에 대해 책임을 공유해 나가고 있다. 이는 모두 팀원들의 능력에 대한 믿음에서 비롯된 것이다.

① 질문을 금지한다.
② 모든 정보는 리더의 것이다.
③ 실수를 용납하지 않는다.
④ 책임을 공유한다.

5 다음 두 사례를 읽고 하나가 가지고 있는 임파워먼트의 장애요인으로 옳은 것은?

〈사례1〉

▽▽그룹에 다니는 민대리는 이번에 새로 입사한 신입직원 하나에게 최근 3년 동안의 매출 실적을 정리해서 올려달라고 부탁하였다. 더불어 기존 거래처에 대한 DB를 새로 업데이트하고 회계팀으로부터 전달받은 통계자료를 토대로 새로운 마케팅 보고서를 작성하라고 지시하였다. 하지만 하나는 일에 대한 열의는 전혀 없이 그저 맹목적으로 지시받은 업무만 수행하였다. 민대리는 그녀가 왜 업무에 열의를 보이지 않는지, 새로운 마케팅 사업에 대한 아이디어를 내놓지 못하는지 의아해 했다.

〈사례2〉

◆◆기업에 다니는 박대리는 이번에 새로 입사한 신입직원 희진에게 최근 3년 동안의 매출 실적을 정리해서 올려달라고 부탁하였다. 더불어 기존 거래처에 대한 DB를 새로 업데이트하고 회계팀으로부터 전달받은 통계자료를 토대로 새로운 마케팅 보고서를 작성하라고 지시하였다. 희진은 지시받은 업무를 확실하게 수행했지만 일에 대한 열의는 전혀 없었다. 이에 박대리는 그녀와 함께 실적자료와 통계자료들을 살피며 앞으로의 판매 향상에 도움이 될 만한 새로운 아이디어를 생각하여 마케팅 계획을 세우도록 조언하였다. 그제야 희진은 자신에게 주어진 프로젝트에 대해 막중한 책임감을 느끼고 자신의 판단에 따라 효과적인 해결책을 만들었다.

---

① 책임감 부족   ② 갈등처리 능력 부족

③ 경험 부족   ④ 제한된 정책과 절차

6 다음 사례에서 직장인으로서 옳지 않은 행동을 한 사람은?

〈사례1〉

K그룹에 다니는 철환이는 어제 저녁 친구들과 횟집에서 회를 먹고 오늘 일어나자 갑자기 배가 아파 병원에 간 결과 식중독에 걸렸다는 판정을 받고 입원을 하게 되었다. 생각지도 못한 일로 갑자기 결근을 하게 된 철환이는 즉시 회사에 연락해 사정을 말한 후 연차를 쓰고 입원하였다.

〈사례2〉

여성 구두를 판매하는 S기업의 영업사원으로 입사한 상빈이는 업무상 여성고객들을 많이 접하고 있다. 어느 날 외부의 한 백화점에서 여성고객을 만나게 된 상빈이는 그 고객과 식사를 하기 위해 식당이 있는 위층으로 에스컬레이터를 타고 가게 되었다. 이때 그는 그 여성고객에게 먼저 타도록 하고 자신은 뒤에 타고 올라갔다.

〈사례3〉

한창 열심히 근무하는 관모에게 한 통의 전화가 걸려 왔다. 얼마 전 집 근처에 있는 공인중개사에 자신의 이름으로 된 집을 월세로 내놓았는데 그 공인중개사에서 연락이 온 것이다. 그는 옆자리에 있는 동료에게 잠시 자리를 비우겠다고 말한 뒤 신속하게 사무실 복도를 지나 야외 휴게실에서 공인중개사 사장과 연락을 하고 내일 저녁 계약 약속을 잡았다.

〈사례4〉

입사한 지 이제 한 달이 된 정호는 어느 날 다른 부서에 급한 볼일이 있어 복도를 지나다가 우연히 앞에 부장님이 걸어가는 걸 보았다. 부장님보다 천천히 가자니 다른 부서에 늦게 도착할 것 같아 어쩔 수 없이 부장님을 지나치게 되었는데 이때 그는 부장님께 "실례하겠습니다."라고 말하는 것을 잊지 않았다.

① 철환   ② 상빈

③ 관모   ④ 정호

7 다음 사례에서 나오는 마부장의 리더십은 어떤 유형인가?

○○그룹의 마부장은 이번에 새로 보직 이동을 하면서 판매부서로 자리를 옮겼다. 그런데 판매부서는 ○○그룹에서도 알아주는 문제가 많은 부서 중에 한 곳으로 모두들 이곳으로 옮기기를 꺼려한다. 그런데 막상 이곳으로 온 마부장은 이곳 판매부서가 비록 직원이 3명밖에 없는 소규모의 부서이지만 세 명 모두가 각자 나름대로의 재능과 경험을 가지고 있고 단지 서로 화합과 협력이 부족하여 성과가 저조하게 나타났음을 깨달았다. 또한 이전 판매부장은 이를 간과한 채 오직 성과내기에 급급하여 직원들을 다그치기만 하자 팀 내 사기마저 떨어지게 된 것이다. 이에 마부장은 부원들의 단합을 위해 매주 등산모임을 만들고 수시로 함께 식사를 하면서 많은 대화를 나눴다. 또한 각자의 능력을 살릴 수 있도록 업무를 분담해 주고 작은 성과라도 그에 맞는 보상을 해 주었다. 이렇게 한 달, 두 달이 지나자 판매부서의 성과는 눈에 띄게 높아졌으며 직원들의 사기 역시 높아졌다.

① 카리스마 리더십
② 독재자형 리더십
③ 변혁적 리더십
④ 거래적 리더십

8 다음 사례에서 박부장이 취할 수 있는 행동으로 적절하지 않은 것은?

◆◆기업에 다니는 박부장은 최근 경기침체에 따른 회사의 매출부진과 관련하여 근무환경을 크게 변화시키기로 결정하였다. 하지만 그의 부하들은 물론 상사와 동료들조차도 박부장의 결정에 회의적이었고 부정적인 시각을 내보였다. 그들은 변화에 소극적이었으며 갑작스런 변화는 오히려 회사의 존립자체를 무너뜨릴 수 있다고 판단하였다. 하지만 박부장은 갑작스런 변화가 처음에는 회사를 좀 더 어렵게 할 수는 있으나 장기적으로 본다면 틀림없이 회사에 큰 장점으로 작용할 것이라고 확신하고 있었고 여기에는 전 직원의 협력과 노력이 필요하였다.

① 직원들의 감정을 세심하게 살핀다.
② 변화의 긍정적인 면을 강조한다.
③ 주관적인 자세를 유지한다.
④ 변화에 적응할 시간을 준다.

9 다음 사례에서 오부장이 취할 행동으로 가장 적절한 것은?

> 오부장이 다니는 J의류회사는 전국 각지에 매장을 두고 있는 큰 기업 중 하나이다. 따라서 매장별로 하루에도 수많은 손님들이 방문하며 그 중에는 옷에 대해 불만을 품고 찾아오는 손님들도 간혹 있다. 하지만 고지식하며 상부의 지시를 중시 여기는 오부장은 이러한 사소한 일들도 하나하나 보고하여 상사의 지시를 받으라고 부하직원들에게 강조하고 있다. 그러다 보니 매장 직원들은 사소한 문제 하나라도 스스로 처리하지 못하고 일일이 상부에 보고를 하고 상부의 지시가 떨어지면 그때서야 문제를 해결한다. 이로 인해 자연히 불만고객에 대한 대처가 늦어지고 항의도 잇따르게 되었다. 오늘도 한 매장에서 소매에 단추 하나가 없어 이를 수선해 줄 것을 요청하는 고객의 불만을 상부에 보고해 지시를 기다리다가 결국 고객이 기다리지 못하고 환불요청을 한 사례가 있었다.

① 오부장이 직접 그 고객에게 가서 불만사항을 처리한다.
② 사소한 업무처리는 매장 직원들이 스스로 해결할 수 있도록 어느 정도 권한을 부여한다.
③ 매장 직원들에게 고객의 환불요청에 대한 책임을 물어 징계를 내린다.
④ 앞으로 이러한 실수가 일어나지 않도록 옷을 수선하는 직원들의 교육을 다시 시킨다.

10 다음 사례에서 장부장이 취할 수 있는 가장 적절한 행동은 무엇인가?

> 서울에 본사를 둔 T그룹은 매년 상반기와 하반기에 한 번씩 전 직원이 워크숍을 떠난다. 이는 평소 직원들 간의 단체생활을 중시 여기는 T그룹 회장의 지침 때문이다. 하지만 워낙 직원이 많은 T그룹이다 보니 전 직원이 한꺼번에 움직이는 것은 불가능하고 각 부서별로 그 부서의 장이 재량껏 계획을 세우고 워크숍을 진행하도록 되어 있다. 이에 따라 생산부서의 장부장은 부원들과 강원도 태백산에 가서 1박 2일로 야영을 하기로 했다. 하지만 워크숍을 가는 날 아침 갑자기 예약한 버스가 고장이 나서 출발을 못한다는 연락을 받았다.

① 워크숍은 장소보다도 이를 통한 부원들의 단합과 화합이 중요하므로 서울 근교의 적당한 장소를 찾아 워크숍을 진행한다.
② 무슨 일이 있어도 계획을 실행하기 위해 새로 예약 가능한 버스를 찾아보고 태백산으로 간다.
③ 어쩔 수 없는 일이므로 상사에게 사정을 얘기하고 이번 워크숍은 그냥 집에서 쉰다.
④ 각 부원들에게 의견을 물어보고 각자 자율적으로 하고 싶은 활동을 하도록 한다.

11 다음의 대화를 통해 알 수 있는 내용으로 가장 알맞은 것은?

> K팀장 : 좋은 아침입니다. 어제 말씀드린 보고서는 다 완성이 되었나요?
> L사원 : 예, 아직 완성을 하지 못했습니다. 시간이 많이 부족한 것 같습니다.
> K팀장 : 보고서를 작성하는데 어려움이 있나요?
> L사원 : 팀장님의 지시대로 하는데 어려움은 없습니다. 그러나 저에게 주신 자료 중 잘못된 부분
> 이 있는 것 같습니다.
> K팀장 : 아. 저도 몰랐던 부분이네요. 잘못된 점이 무엇인가요?
> L사원 : 직접 보시면 아실 것 아닙니까? 일부러 그러신 겁니까?
> K팀장 : 아 그렇습니까?

① K팀장은 아침부터 L사원을 나무라고 있다.
② L사원은 K팀장과 사이가 좋지 못하다.
③ K팀장은 리더로서의 역할이 부족하다.
④ L사원은 팀원으로서의 팔로워십이 부족하다.

12 다음 사례를 보고 리츠칼튼 호텔의 고객서비스 특징으로 옳은 것은?

> Robert는 미국 출장길에 샌프란시스코의 리츠칼튼 호텔에서 하루를 묵은 적이 있었다.
> 그는 서양식의 푹신한 베개가 싫어서 프런트에 전화를 걸어 좀 딱딱한 베개를 가져다 달라고
> 요청하였다. 호텔 측은 곧이어 딱딱한 베개를 구해왔고 덕분에 잘 잘 수 있었다.
> 다음날 현지 업무를 마치고 다음 목적지인 뉴욕으로 가서 우연히 다시 리츠칼튼 호텔에서 묵
> 게 되었는데 아무 생각 없이 방 안에 들어간 그는 깜짝 놀랐다. 침대 위에 전날 밤 사용하였던
> 것과 같은 딱딱한 베개가 놓여 있는 게 아닌가.
> 어떻게 뉴욕의 호텔이 그것을 알았는지 그저 놀라울 뿐이었다. 그는 호텔 측의 이 감동적인
> 서비스를 잊지 않고 출장에서 돌아와 주위 사람들에게 침이 마르도록 칭찬했다.
> 어떻게 이런 일이 가능했을까? 리츠칼튼 호텔은 모든 체인점이 항시 공유할 수 있는 고객 데이
> 터베이스를 구축하고 있었고, 데이터베이스에 저장된 정보를 활용해서 그 호텔을 다시 찾는 고객
> 에게 완벽한 서비스를 제공하고 있었던 것이다.

① 불만 고객에 대한 사후 서비스가 철저하다.
② 신규 고객 유치를 위해 이벤트가 다양하다.
③ 고객이 물어보기 전에 고객이 원하는 것을 실행한다.
④ 고객이 원하는 것이 이루어질 때까지 노력한다.

13 무역회사에 근무하는 팀장 S씨는 오전 회의를 통해 신입사원 O가 작성한 견적서를 살펴보았다. 그러던 중 다른 신입사원에게 지시한 주문양식이 어떻게 진행되고 있는지를 묻기 위해 신입사원 M을 불렀다. M은 "K가 제대로 주어진 업무를 하지 못하고 있어서 저는 아직까지 계속 기다리고만 있습니다. 그래서 아직 완성하지 못했습니다."라고 하였다. 그래서 K를 불러 물어보니 "M의 말은 사실이 아닙니다."라고 변명을 하고 있다. 팀장 S씨가 할 수 있는 가장 효율적인 대처방법은?

① 사원들 간의 피드백이 원활하게 이루어지는지 확인한다.

② 팀원들이 업무를 하면서 서로 협력을 하는지 확인한다.

③ 의사결정 과정에 잘못된 부분이 있는지 확인한다.

④ 중재를 하고 문제가 무엇인지 확인한다.

14 제약회사 영업부에 근무하는 U씨는 영업부 최고의 성과를 올리는 영업사원으로 명성이 자자하다. 그러나 그런 그에게도 단점이 있었으니 그것은 바로 서류 작업을 정시에 마친 적이 없다는 것이다. U씨가 회사로 복귀하여 서류 작업을 지체하기 때문에 팀 전체의 생산성에 차질이 빚어지고 있다면 영업부 팀장인 K씨의 행동으로 올바른 것은?

① U씨의 영업실적은 뛰어나므로 다른 직원에게 서류 작업을 지시한다.

② U씨에게 퇴근 후 서류 작업을 위한 능력을 개발하라고 지시한다.

③ U씨에게 서류작업만 할 수 있는 아르바이트 직원을 붙여준다.

④ U씨로 인한 팀의 분위기를 설명하고 해결책을 찾아보라고 격려한다.

15 다음은 엄팀장과 그의 팀원인 문식이의 대화이다. 다음 상황에서 엄팀장이 주의해야 할 점으로 옳지 않은 것은?

> 엄팀장 : 문식씨, 좋은 아침이군요. 나는 문식씨가 구체적으로 어떤 업무를 하길 원하는지, 그리 고 새로운 업무 목표는 어떻게 이룰 것인지 의견을 듣고 싶습니다.
>
> 문식 : 솔직히 저는 현재 제가 맡고 있는 업무도 벅찬데 새로운 업무를 받은 것에 대해 달갑지 않습니다. 그저 난감할 뿐이죠.
>
> 엄팀장 : 그렇군요. 그 마음 충분히 이해합니다. 하지만 현재 회사 여건상 인력감축은 불가피합니 다. 현재의 인원으로 업무를 어떻게 수행할 수 있을지에 대해 우리는 계획을 세워야 합 니다. 이에 대해 문식씨가 새로 맡게 될 업무를 검토하고 그것을 어떻게 달성할 수 있을 지 집중적으로 얘기해 봅시다.
>
> 문식 : 일단 주어진 업무를 모두 처리하기에는 시간이 너무 부족합니다. 좀 더 다른 방법을 세워 야 할 것 같아요.
>
> 엄팀장 : 그렇다면 혹시 그에 대한 다른 대안이 있나요?
>
> 문식 : 기존에 제가 가지고 있던 업무들을 보면 없어도 될 중복된 업무들이 있습니다. 이러한 업 무들을 하나로 통합한다면 새로운 업무를 볼 여유가 생길 것 같습니다.
>
> 엄팀장 : 좋습니다. 좀 더 구체적으로 말씀해 주시겠습니까?
>
> 문식 : 우리는 지금까지 너무 고객의 요구를 만족시키기 위해 필요 없는 절차들을 많이 따르고 있었습니다. 이를 간소화할 필요가 있다고 생각합니다.
>
> 엄팀장 : 그렇군요. 어려운 문제에 대해 좋은 해결책을 제시해 줘서 정말 기쁩니다. 그렇다면 지 금부터는 새로운 업무를 어떻게 진행시킬지, 그리고 그 업무가 문식씨에게 어떤 이점으 로 작용할지에 대해 말씀해 주시겠습니까? 지금까지 문식씨는 맡은 업무를 잘 처리하였 지만 너무 같은 업무만을 하다보면 도전정신도 없어지고 자극도 받지 못하죠. 이번에 새 로 맡게 될 업무를 완벽하게 처리하기 위해 어떤 방법을 활용할 생각입니까?
>
> 문식 : 네. 사실 말씀하신 바와 같이 지금까지 겪어보지 못한 전혀 새로운 업무라 기분이 좋지는 않습니다. 하지만 반면 저는 지금까지 제 업무를 수행하면서 창의적인 능력을 사용해 보지 못했습니다. 이번 업무는 제게 이러한 창의적인 능력을 발휘할 수 있는 기회입니다. 따라 서 저는 이번 업무를 통해 좀 더 창의적인 능력을 발휘해 볼 수 있는 경험과 그에 대한 자신감을 얻게 되었다는 점이 가장 큰 이점으로 작용할 것이라 생각됩니다.
>
> 엄팀장 : 문식씨 정말 훌륭한 생각을 가지고 있군요. 이미 당신은 새로운 기술과 재능을 가지고 있다는 것을 우리에게 보여주고 있습니다.

① 지나치게 많은 정보와 지시를 내려 직원들을 압도한다.

② 어떤 활동을 다루고, 시간은 얼마나 걸리는지 등에 대해 구체적이고 명확하게 밝힌다.

③ 질문과 피드백에 충분한 시간을 할애한다.

④ 직원들의 반응을 이해하고 인정한다.

16 인간관계에서 신뢰를 구축하는 방법으로 가장 거리가 먼 것은?

① 상대에 대한 이해와 양보

② 사소한 일에 대한 관심

③ 무조건적인 사과

④ 언행일치

17 다음 사례에서 팀원들의 긴장을 풀어주기 위해 나팀장이 취할 수 있는 행동으로 가장 적절한 것은?

> 나팀장이 다니는 ▷◁기업은 국내에서 가장 큰 매출을 올리며 국내 경제를 이끌어가고 있다. 그로 인해 임직원들의 연봉은 다른 기업에 비해 몇 배나 높은 편이다. 하지만 그만큼 직원들의 업무는 많고 스트레스 또한 다른 직장인들에 비해 훨씬 많다. 매일 아침 6시까지 출근해서 2시간 동안 회의를 하고 야근도 밥 먹듯이 한다. 이런 생활이 계속되자 갓 입사한 신입직원들은 얼마 못 가 퇴사하기에 이르고 기존에 있던 직원들도 더 이상 신선한 아이디어를 내놓기 어려운 실정이 되었다. 특히 오늘 아침에는 유난히 팀원들이 긴장을 하는 것 같아 나팀장은 새로운 활동을 통해 팀원들의 긴장을 풀어주어야겠다고 생각했다.

① 자신이 신입직원이었을 당시 열정적으로 일해서 성공한 사례들을 들려준다.

② 오늘 아침 발표된 경쟁사의 신제품과 관련된 신문기사를 한 부씩 나눠주며 읽어보도록 한다.

③ 다른 직장인들에 비해 자신들의 연봉이 높음을 강조하면서 조금 더 힘내 줄 것을 당부한다.

④ 회사 근처에 있는 숲길을 천천히 걸으며 잠시 일상에서 벗어날 수 있는 시간을 마련해 준다.

18 다음 중 팀워크에 대한 설명으로 옳지 않은 것은?

① 훌륭한 팀워크를 유지하기 위해서는 솔직한 대화로 서로를 이해하는 과정이 필요하다.

② 질투나 시기로 인한 파벌주의는 팀워크를 저해하는 요소이다.

③ 팀워크를 위해서는 공동의 목표의식과 상호 간의 신뢰가 중요하다.

④ 팀워크란 구성원으로 하여금 집단에 머물도록 만들고, 그 집단에 계속 남아 있기를 원하게 만드는 힘이다.

19 갈등이 증폭되는 일반적인 원인이 아닌 것은?

① 승·패의 경기를 시작

② 승리보다 문제 해결을 중시하는 태도

③ 의사소통의 단절

④ 적대적 행동

20 다음에서 설명하는 갈등해결방법은?

> 자신에 대한 관심은 낮고 상대방에 대한 관심은 높은 경우로, '나는 지고 너는 이기는 방법'이다. 주로 상대방이 거친 요구를 해오는 경우 전형적으로 나타난다.

① 회피형   ② 경쟁형
③ 수용형   ④ 타협형

1 다음 기사 내용에서 'A씨'에게 필요한 업무 수행의 자세로 알맞은 것은?

> **부실 공사 눈감아준 공무원 입건**
>
> △△경찰서는 부실공사를 알고도 준공검사를 해준 혐의로 공무원 A씨를 불구속 입건했다. 그는 수백 억 원의 예산이 투입되는 주택 건설 사업과 관련해 기존 설계도면에 문제가 있다는 것을 알면서도 설계 변경 없이 공사를 진행하도록 하고 준공검사까지 내주었다. 특히 A씨는 준공검사 때에도 현장에 가지 않고 준공검사 조서를 작성한 것으로 드러났다.

① 많은 성과를 내기 위해 관행에 따라 일을 처리해야 한다.
② 사실 확인보다는 문서의 정확성을 위해 노력해야 한다.
③ 정명(正名) 정신에 따라 사회적 책임을 완수해야 한다.
④ 인정(人情)에 의거해 업무를 처리해야 한다.

2 다음과 같은 입장에서 긍정의 대답을 할 질문으로 알맞은 것은?

> 기업의 존재는 공공적이며, 사회적 목표에 이바지하는 한에서 정당화된다. 기업이 성장하고 발전하는 것은 기업 혼자만의 힘이 아니므로, 일방적으로 이익을 추구해서는 안 되며 사회에 대해서도 일정한 책임을 져야 한다. 따라서 기업은 사회에 긍정적 영향을 미치는 다양한 활동들에 관심을 가지고 이를 지속적으로 실천해 나가야 한다.

① 기업 활동의 목적은 이윤 추구에 국한되어야 하는가?
② 기업의 이윤 추구와 사회적 책임의 실천이 병행되어야 하는가?
③ 기업은 공동선의 실현보다 경제적 효율성을 우선해야 하는가?
④ 재벌 기업의 사유화는 과연 옳은 길인가?

3 다음 대화의 빈칸에 들어갈 말로 가장 알맞은 것은?

> A : 공직자로서 갖추어야 할 가장 중요한 덕목은 무엇인가요?
> B : 공직자는 국민의 봉사자이므로 청렴이 가장 중요하다고 생각합니다.
> A : 그럼 경제적 사정이 어려운 친인척들이 공공 개발 계획의 정보를 미리 알려달라고 할 때에는 어떻게 해야 할까요?
> B : _____

① 국민의 요청이므로 알 권리를 충족시켜 주어야 합니다.
② 어려운 친인척들에게 경제적 이익을 주어야 합니다.
③ 정보를 알려주되 대가를 요구하지 않아야 합니다.
④ 사익을 배제하고 공명정대하게 행동해야 합니다.

4 다음과 같은 상황에 대하여 A에게 해줄 수 있는 조언으로 알맞은 것은?

> 대학을 졸업한 A는 여러 차례 구직 활동을 하였지만 마땅한 직업을 찾지 못하고 있다. A는 힘들고, 더럽고, 위험한 일에는 종사하고 싶은 마음이 없기 때문이다.

> ㉠ 명예와 부를 획득하기 위해서 어떠한 직업도 마다해선 안 된다.
> ㉡ 생업이 없으면 도덕적 마음도 생길 수 없다.
> ㉢ 예(禮)를 통해 나누어지는 사회적 신분에 성실히 응해야 한다.
> ㉣ 힘든 일이라도 소명 의식을 갖고 신의 부름에 응해야 한다.

① ㉠, ㉡
② ㉠, ㉢
③ ㉡, ㉢
④ ㉡, ㉣

5 윤주는 인바운드 텔레마케팅의 팀장 직책을 맡고 있다. 우연히 신입직원 교육 중 윤주 자신의 신입사원 시절을 떠올리게 되었다. 아래의 내용 중 윤주가 신입사원 시절에 행한 전화매너로써 가장 옳지 않은 사항을 고르면?

① 전화가 잘못 걸려 왔을 시에도 불쾌하게 말하지 않는다.

② 용건을 마치면 인사를 하고 상대가 끊었는지의 여부와는 관계없이 끊는다.

③ 용건 시 대화 자료나 또는 메모도구 등을 항상 준비한다.

④ 자세는 단정하게 앉아서 통화한다.

6 다음 대화의 빈 칸에 들어갈 말로 알맞은 것은?

> A : 직업인으로서 지켜야 할 기본 윤리는 무엇인가요?
> B : 직업인이라면 일반적으로 정직과 성실, 신의, 책임, 의무 등의 덕목을 준수해야 합니다.
> A : 선생님께서 말씀하신 덕목은 모든 사람들에게 요구되는 윤리와 부합하는데, 그 이유는 무엇인가요?
> B : _____

> ㉠ 모든 직업인은 직업인이기 전에 인간이기 때문입니다.
> ㉡ 직업은 사회적 역할 분담의 성격을 지니고 있기 때문입니다.
> ㉢ 직장 생활에서 사람들과 관계를 맺어야 하기 때문입니다.
> ㉣ 특수한 윤리가 필요한 직업은 존재하지 않기 때문입니다.

① ㉠, ㉢   ② ㉡, ㉣

③ ㉠, ㉡, ㉢   ④ ㉠, ㉢, ㉣

7 다음 내용에 부합하는 명장(名匠)의 요건으로 알맞은 것은?

> 우리나라는 명장(名匠) 제도를 실시하고 있다. 장인 정신이 투철하고 그 분야에서 최고 수준의 기능을 보유한 사람을 명장으로 선정함으로써 기능인이 긍지와 자부심을 가지고 맡은 분야에 계속 정진할 수 있도록 유도하여 국가 산업 발전에 이바지하고자 한다. 명장 제도는 기술과 품성을 모두 갖춘 훌륭하고 모범적인 기능인이 사회의 귀감이 되도록 하는 역할을 하고 있다.

① 육체노동보다 정신노동에 종사하는 사람이다.

② 사회에 기여한 바는 없지만 기술력이 탁월하다.

③ 최고 수준의 기능을 보유하고 있지만 다른 일에 종사한다.

④ 자신의 재능을 기부하여 지역 주민의 삶을 풍요롭게 한다.

8 빈 칸에 들어갈 말로 알맞은 것은?

> 우리는 고아들과 병든 노인들을 헌신적으로 돌보는 의사나 교육에 대한 긍지를 가지고 산골이나 도서 벽지에서 학생 지도에 전념하는 교사들의 삶을 가치 있는 삶이라고 생각한다. 왜냐하면 그들은 직업 생활을 통해 _____을 살았기 때문이다.

① 희생과 헌신 속에서 보람을 느끼는 삶

② 직업에 귀천을 따지지 않는 삶

③ 자신의 전문성을 탁월하게 발휘하는 삶

④ 사회와 국가를 위해 자신을 포기하는 삶

9 ㈎의 입장에서 ㈏의 A에게 해야 할 충고로 알맞은 것은?

> ㈎ 한 집을 봉양하기 위해서만 벼슬을 구하는 것은 옳지 않다. 예로부터 지혜가 깊은 목민관은 청렴을 교훈으로 삼고, 탐욕을 경계하였다.
>
> ㈏ 공무원 A는 연고지의 재개발 업무를 담당하면서 관련 사업 내용을 미리 알게 되었다. 그는 이 내용을 친인척에게 제공하여 돈을 벌게 해주고 싶은 생각에 고민하고 있다.

① 어려움에 처한 친인척을 우선적으로 도와야 한다.

② 시민의 재산권보다 업무 성과를 더 중시해야 한다.

③ 공직 생활로 얻은 재물을 사회에 환원해야 한다.

④ 업무 수행에서 얻은 정보는 공동선을 위해 사용해야 한다.

10 회사의 아이디어 공모에 평소 당신이 생각했던 것을 알고 있던 동료가 자기 이름으로 제안을 하여 당선이 된 경우 당신의 행동으로 가장 적절한 것은?

① 동료에게 나의 아이디어였음을 솔직히 말하라고 설득한다.

② 모른 척 그냥 넘어간다.

③ 회사에 대대적으로 고발하여 동료를 곤경에 빠뜨린다.

④ 동료에게 감정적으로 대응하여 다시는 그러한 행동을 하지 못하도록 한다.

11 다음의 사례를 보고 직업윤리에 벗어나는 행동을 바르게 지적한 것은?

> 직장 상사인 A는 항상 회사에서 주식이나 펀드 등 자신만의 사적인 업무로 대단히 분주하다. 사적인 업무의 성과가 좋으면 부하직원들에게 친절히 대하지만, 그렇지 않은 경우 회사의 분위기는 매우 엄숙해지고 부하직원을 호되게 꾸짖는다.

① 주식을 하는 A는 한탕주의를 선호하는 사람이므로 직업윤리에 어긋난다.

② 사무실에서 사적인 재테크를 하는 행위는 직업윤리에 어긋난다.

③ 작은 것의 소중함을 잃고 살아가는 사람이므로 직업윤리에 어긋난다.

④ 자신의 기분에 따라 사원들이 조심해야 하므로 직업윤리에 어긋난다.

12 유명 외국계회사와 합병이 되면서 약 1년간 해외에서 근무할 직원으로 옆자리의 동료가 추천되었다. 그러나 해외에서의 업무가 당신의 경력에 도움이 많이 될 것 같아 해외근무를 희망하고 있던 중이었다. 당신의 행동으로 가장 적절한 것은?

① 상사에게 단도직입적으로 해외근무에 대한 강한 의지를 표명한다.

② 동료를 강제로 협박하여 해외근무를 포기하게끔 한다.

③ 동료에게 양해를 구하고 회사 내규에 따라 자신이 추천받을 수 있는 방법을 찾는다.

④ 운명이라 생각하고 그냥 체념한다.

13 상사가 당신에게는 어려운 업무만 주고 입사동기인 A에게는 쉬운 업무만 주는 것을 우연히 알게 되었다. 당신의 행동으로 가장 적절한 것은?

① 상사에게 왜 차별대우를 하는지에 대해 무작정 따진다.

② 상사에게 알고 있는 사실과 부당한 대우로 인한 불편함을 솔직히 이야기하고 해결방안을 제시한다.

③ A에 대한 인적사항을 몰래 조사하여 특혜를 받을 만한 사실이 있는지 파헤친다.

④ 직장생활의 일부라고 생각하고 꿋꿋이 참아낸다.

14 상사의 실수로 인하여 영업상 큰 손해를 보게 되었다. 그런데 부하직원인 A에게 책임을 전가하려고 한다. 당신은 평소 A와 가장 가까운 사이이며 A는 이러한 상사의 행동에 아무런 대응도 하지 않고 있다. 이럴 때 당신의 행동으로 가장 적절한 것은?

① A에게 왜 아무런 대응도 하지 않는지에 대해 따지고 화를 낸다.

② 상사가 A에게 책임을 전가하지 못하도록 A를 대신하여 상사와 맞대응한다.

③ A에게 상사에게 맞대응하라고 적극적으로 부추긴다.

④ A에게 대응하지 않는 이유를 물어보고 A가 갖고 있는 어려움에 대해 의논하여 도움을 줄 수 있도록 한다.

15 당신은 새로운 통신망의 개발을 위한 프로젝트에 합류하게 되었는데, 이 개발을 위해서는 마케팅 부서의 도움이 절실히 필요하다. 그러나 귀하는 입사한 지 얼마 되지 않았기 때문에 마케팅 부서의 사람들을 한 명도 제대로 알지 못한다. 이런 상황을 아는지 모르는지 팀장은 귀하에게 이 개발의 모든 부분을 일임하였다. 이럴 때 당신의 행동으로 가장 적절한 것은?

① 팀장에게 다짜고짜 프로젝트를 못하겠다고 보고한다.

② 팀장에게 자신의 상황을 보고한 후 마케팅 부서의 도움을 받을 수 있는 방법을 찾는다.

③ 마케팅 부서의 팀장을 찾아가 도와달라고 직접 부탁한다.

④ 회사 외부에서 마케팅에 대해 도움을 받을 수 있는 곳을 알아본다.

16 당신은 △△기업의 지원팀 과장으로 협력업체를 관리하는 감독관이다. 새로운 제품의 출시가 임박하여 제대로 상품이 생산되는지를 확인하기 위하여 협력업체를 내방하였다. 그런데 생산현장에서 담당자의 작업지침이 △△기업에서 보낸 작업지침서와 많이 달라 불량품이 발생할 조짐이 현저하다. 이번 신제품에 △△기업은 사활을 걸고 있다. 이러한 상황에서 당신의 행동으로 가장 적절한 것은?

① 협력업체 대표를 불러 작업지침에 대한 사항을 직접 물어본다.
② 곧바로 회사에 복귀하여 협력업체의 무분별한 작업을 고발하고 거래를 중지해야 한다고 보고한다.
③ 협력업체 대표를 불러 작업을 중단시키고 계약을 취소한다고 말한다.
④ 협력업체 현장 담당자에게 왜 지침이 다른지 물어보고 잘못된 부분을 지적하도록 한다.

17 당신은 설계부서에서 근무를 하고 있다. 최근 수주 받은 제품을 생산하기 위한 기계를 설계하던 중 클라이언트가 요청한 부품을 구매해 줄 것을 구매부서에 요청하였으나 구매부서 담당자는 가격이 비싸다는 이유로 그와 비슷한 저가의 부품을 구매해 주었다. 이러한 상황을 뒤늦게 당신이 알게 되었다. 당신이 취할 수 있는 가장 바람직한 행동은?

① 구매부서 팀장에게 항의를 하고 원하는 부품을 요구한다.
② 클라이언트에게 알리지 않고 저가의 부품을 그냥 사용한다.
③ 클라이언트에게 양해를 구한 후 구매부서를 설득하여 부품을 교환한다.
④ 구매부서의 이러한 행동을 그대로 상부에 보고한다.

18 A사에 입사한 원모는 근무 첫날부터 지각을 하는 상황에 놓이게 되었다. 급한 마음에 계단이 아닌 엘리베이터를 이용하게 되었고 다행히도 지각을 면한 원모는 교육 첫 시간에 엘리베이터 및 계단 이용에 관한 예절교육을 듣게 되었다. 다음 중 원모가 수강하고 있는 엘리베이터 및 계단 이용 시의 예절교육에 관한 내용으로써 가장 옳지 않은 내용을 고르면?

① 방향을 잘 인지하고 있는 여성 또는 윗사람과 함께 엘리베이터를 이용할 시에는 여성이나 윗사람이 먼저 타고 내려야 한다.
② 엘리베이터의 경우에 버튼 방향의 뒤 쪽이 상석이 된다.
③ 계단의 이용 시에 상급자 또는 연장자가 중앙에 서도록 한다.
④ 안내여성은 엘리베이터를 탈 시에 손님들보다는 나중에 타며, 내릴 시에는 손님들보다 먼저 내린다.

19 당신은 □□기업의 기술개발팀에서 근무를 하고 있다. 그런데 10년 넘게 알고 지낸 친한 선배가 당신이 다니고 있는 회사의 신제품 관련 기술에 대한 정보를 조금만 알려달라고 부탁을 하였다. 그 선배는 당신이 어렵고 힘들 때 항상 곁에서 가족처럼 챙겨주고 아껴주던 가족보다 더 소중한 선배이다. 또한 그 신제품을 개발할 때에도 많은 조언과 소스 등을 알려 주었던 선배이다. 회사 기밀을 유출하면 당신은 물론 □□기업은 엄청나게 큰 피해를 입을 수도 있다. 이러한 상황에서 당신이 취할 수 있는 가장 바람직한 행동은?

① 이런 부탁을 할 거면 다시는 연락을 하지 말자고 화를 낸다.

② 그냥 못들은 척하며 은근슬쩍 넘어간다.

③ 다른 선배나 지인에게 자신의 상황을 얘기하며 조언을 구한다.

④ 도움을 받았던 만큼만 알려준다.

20 A는 현재 한 기업의 경력 20년차 부장으로서 근무하고 있다. 최근 상부에서 기업문화 개선을 위한 방안으로 전화응대 시 서로 자신의 신분을 먼저 알리도록 하자는 지시사항이 내려왔다. 경력과 회사 내의 위치를 고려하였을 때, 전화 상대가 대부분 자신의 후배인 경우가 많은 A에게는 못마땅한 상황이다. 이러한 상황에서 A에게 해줄 수 있는 조언으로 가장 적절한 것은?

① 직장 내에서 전화를 걸거나 받는 경우 자신의 신분을 먼저 알리는 것은 부끄럽거나 체면을 구기는 일이 아니다. 또한 전화상대가 후배일 가능성만 높을 뿐, 선배일 수도 있고 외부 고객의 전화일 수도 있다.

② 전화응대 시 서로 자신의 신분을 먼저 알림으로써 친목도모 및 사내 분위기 향상의 효과가 있으며, 직원들 간의 원활한 의사소통에도 도움이 된다.

③ 비록 직급이 높은 간부들에게는 못마땅한 부분이 있을 수 있으나, 상부의 지시사항을 잘 이해함으로써 발생하는 부수적인 효과도 기대할 수 있다.

④ 상부의 지시사항이니 못마땅하더라도 따라야 한다. 후배들에게 모범이 되는 모습을 보여야 한다.

06 강원랜드 기업문제

1 다음은 강원랜드가 추구하는 인재상이다. 빈칸에 알맞은 내용은?

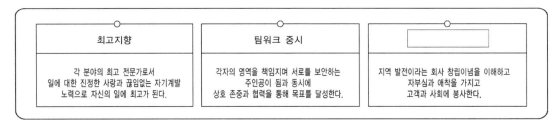

최고지향	팀워크 중시	[ ]
각 분야의 최고 전문가로서 일에 대한 진정한 사랑과 끊임없는 자기계발 노력으로 자신의 일에 최고가 된다.	각자의 영역을 책임지며 서로를 보완하는 주인공이 됨과 동시에 상호 존중과 협력을 통해 목표를 달성한다.	지역 발전이라는 회사 창립이념을 이해하고 자부심과 애착을 가지고 고객과 사회에 봉사한다.

① 봉사의식   ② 주인의식

③ 협력의식   ④ 전문의식

2 다음은 강원랜드의 교육제도이다. 빈칸에 들어갈 내용으로 적합하지 않은 것은?

교육제도			
주요역량	공통역량 20%	리더십역량 28%	직무역량 52%
교육목표	강원랜드人 기본소양 함양	체계적 리더양성	현장중심 직무전문가 양성
교육방향	애사심/주인의식 회사 이해 법정교육 공통소양(교양)	직군/직급별 리더십 교육 차세대 리더 육성	

① 개인 직무역량 평준화

② 기본 공통 직무역량 레벨 업

③ 특수 직무 전문가 양성

④ 글로벌 역량 강화

3 강원랜드가 추구하는 핵심가치가 아닌 것은?

① 존중 ② 안전
③ 성과 ④ 도전

┃4~8┃ 다음의 강원랜드 전략체계도를 보고 물음에 답하시오.

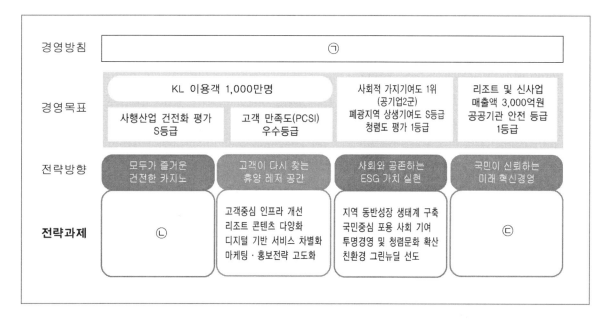

4 위 표의 ㉠에 들어갈 내용으로 적합하지 않은 것은?

① 가치혁신 ② 상생추구
③ 윤리경영 ④ 변화선도

5 위 표의 ㉡에 들어갈 내용으로 적합하지 않은 것은?

① 건전 게임문화 조성
② 카지노 미래대응기반 마련
③ 중독관리 사회적책임 강화
④ 카지노 입장 연령 다변화

6 위 표의 ©에 들어갈 내용으로 적합하지 않은 것은?

① 미래 수익사업 단일화

② 미래지향 경영시스템 선진화

③ 통합 안전경영체계 고도화

④ 조직 및 인적 경쟁력 강화

7 다음은 강원랜드 경영방침이다. 상생추구에 적합한 내용은?

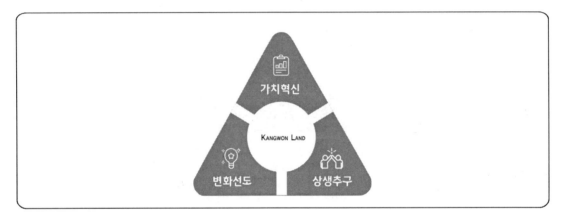

① 투철한 주인의식

② 상호존중과 협력 기반 폐광지역 동반 성장 지향

③ 무한한 도전정신으로 혁신적 변화 창출

④ ESG 경영 추구를 통해 기업의 지속성장 도모

8 다음은 강원랜드가 추구하는 핵심가치 중 "효율"에 해당되는 내용으로 적합한 것은?

① 국민에게 신뢰받는 투명한 조직문화 조성을 위한 마음가짐

② 현실에 안주하지 않고 새로운 가능성을 찾는 행동양식

③ 고객, 지역, 조직구성원간의 상대 입장을 배려하면서 공동의 발전을 추구

④ 강한 책임감과 주인의식 바탕의 능동적·주도적 업무추진 방식

9 윤리경영의 추진과제로 적합하지 않은 것은?

① 관리직 중심 반부패·청렴 및 갑질 예방 교육 실시

② 부패취약분야 자율적 통제에 맡김

③ 공익신고 활성화 및 신고자 보호체계 강화

④ 협력사 청렴교육 및 협력 강화

10 강원랜드가 공기업으로서 사회적 책임을 수행하고 독자적으로 구축한 카지노 중독치유 시스템은 무엇인가?

① NCPG

② KCGP

③ KLACC

④ KISA

11 다음 중 도박의 동기가 아닌 것은?

① 대인관계

② 흥분추구

③ 비용 지출

④ 오락

12 다음 중 사교적 도박 설명으로 맞지 않는 것은?

① 레크레이션의 한 형태이다.

② 일상의 균형을 깨뜨린다.

③ 즐거움을 추구하는 한 방편이다.

④ 돈을 잃는 것에 대해 심리적 어려움이 없다.

13 다음 중 도박 중독의 행동특성이 아닌 것은?

① 내성

② 채무 문제 발생

③ 조절능력

④ 도피

14 강원랜드 카지노 고객 및 직원들의 도박중독에 대한 예방 및 도박문제에 대한 사각지대 최소화를 위해 만든 모니터링 시스템은 무엇인가?

① 위기탈출상담이

② 건전게임지킴이

③ 중독지킴이

④ 예방상담이

15 다음 중 도박 중독 치료로 맞지 않는 것은?

① 심리상담치료

② 병원치료

③ 카지노 출입일수 조절

④ 자조모임 참여

16 다음 중 강원랜드 중독관리센터(KLACC)의 활동이 아닌 것은?

① 도박 중독 예방과 치료를 위한 제반 활동

② 전문 치료 기관과의 연계 네트워크 구축

③ 적극적 홍보를 통한 카지노 출입 고객 증대

④ 지역 주민 및 청소년 교육을 통한 건강한 사회 분위기 조성

17 다음 중 도박 중독의 진행과정이 맞게 나열된 것은?

① 승리단계 → 패배단계 → 포기단계 → 절망단계
② 승리단계 → 포기단계 → 패배단계 → 절망단계
③ 승리단계 → 패배단계 → 절망단계 → 포기단계
④ 승리단계 → 포기단계 → 절망단계 → 패배단계

18 도박 중독의 단계 중 "승리단계"에 해당하는 설명이 아닌 것은?

① 커다란 승리
② 도박에 대한 환상에 빠짐
③ 승리에 대한 과장
④ 베팅액 증가

19 다음 중 건전게임지킴이의 주요업무가 아닌 것은?

① 고객 및 직원에 대한 기본적인 예방상담과 교육 실시
② 위기고객 및 고위험 직원 등에 대한 강원랜드 중독관리센터(KLACC)으로 상담 유도
③ 영업장 내 도박중독 예방 홍보 및 캠페인 참가
④ 고객에 대한 영구출입통제

20 중독자 스스로 경제적 자립능력을 배양할 수 있도록 돕는 사회복귀 지원제도로 맞지 않는 것은?

① 도박 중독 전화 상담 지원
② 병원 치료비 지원
③ 직업재활 지원
④ 재무 · 법률 상담 지원

PART

II

한국사

01 빈출용어정리

✅ 한민족(韓民族)의 형성 *

농경생황을 바탕으로 동방문화권(東方文化圈)을 성립하고 독특한 문화를 이룩한 우리 민족은 인종학상으로는 황인종 중 퉁구스족(Tungus族)의 한 갈래이며, 언어학상 알타이어계(Altai語系)에 속한다. 한반도에는 구석기시대부터 사람이 살기 시작하였고 신석기시대에서 청동기시대를 거치는 동안 민족의 기틀이 이루어졌다.

✅ 선사시대의 비교 ***

시대	구석기	신석기	청동기	철기
연대	약 70만 년 전	약 8000년 전	BC 15~13세기경	BC 4세기경
경제	수렵 · 채집 · 어로	농경 시작 조 · 피 · 수수 등	벼농사 시작 사유재산 발생	철제 농기구로 생산력 증대
사회	무리생활	씨족 단위의 부족사회 계급 없는 평등사회	군장사회의 출현 계급의 발생	연맹국가
유물	동물뼈, 석기류, 인골	간석기, 토기(이른민무늬토기, 덧무늬토기, 빗살무늬토기)	민무늬토기, 반달돌칼, 비파형동검 등	검은간토기, 덧띠토기, 거푸집, 세형동검, 잔무늬거울
유적	웅기 굴포리, 상원 검은모루, 공주 석장리, 연천 전곡리 등	웅기 굴포리, 부산 동삼동, 서울 암사동, 봉산 지탑리 등	고인돌, 돌무지무덤, 돌널무덤 등	돌무지무덤, 돌널무덤, 독무덤, 널무덤 등

✅ 중석기 *

구석기에서 신석기로 넘어가는 약 2000년간(1만 년 전~8000년 전)의 과도기 단계 구분하여 부르는 시기로, 작고 빠른 동물을 잡기 위한 활, 창, 작살 등과 잔석기 등을 사용하였다.

✅ 단군신화(檀君神話) **

우리민족의 시조 신화로 이를 통해 청동기시대를 배경으로 고조선의 성립이라는 역사적 사실과 함께 당시 사회모습을 유추할 수 있다.
① 천제의 아들 환웅이 천부인 3개와 풍백 · 운사 · 우사 등의 무리를 거느리고 태백산 신시에 세력을 이루었다. → 천신사상, 선민사상, 농경사회, 계급사회, 사유재산제 사회
② 곰과 호랑이가 와서 인간이 되게 해달라고 하였으며, 곰만이 인간여자가 되어 후에 환웅과 결합하여 아들 단군왕검을 낳았다. → 토테미즘, 샤머니즘, 제정일치
③ 널리 인간을 이롭게 한다(홍익인간). → 민본주의, 지배층의 권위(통치이념)

✅ 8조법(八條法) *

고조선 사회의 기본법으로, 「한서지리지」에 기록되어 있다. 살인·상해·절도죄를 기본으로 하는 이 관습법은 족장들의 사회질서유지 수단이었으며, 동시에 가부장 중심의 계급사회로서 사유재산을 중히 여긴 당시의 사회상을 반영하고 있다. 그 내용 중 전하는 것은 '사람을 죽인 자는 사형에 처한다, 남에게 상해를 입힌 자는 곡물로 배상한다, 남의 물건을 훔친 자는 노비로 삼고 배상하려는 자는 50만전을 내야 한다' 등 3조이다.

✅ 여러 부족의 성장 *

구분	부여	고구려	옥저·동예	삼한
정치	5부족 연맹체(왕·4출도), 1책 12법	5부족 연맹체(왕·대가), 제가회의(군장회의)	읍군·삼로(군장)	제정분리 : 군장(신지·견지·읍차·부례), 제사장(천군)
풍속	우제점법, 형사취수, 순장의 풍습	데릴사위제	• 옥저 : 민며느리제, 가족 공동장 • 동예 : 책화, 족외혼	벼농사 발달(저수지 축조), 낙랑·일본 등에 철 수출
경제	반농반목, 말·주옥·모피 등의 특산물	약탈경제 → 부경(창고)	• 농경발달, 해산물 풍부 • 단궁, 과하마, 반어피 (동예)	두레조직을 통해 공동작업
제천행사	영고(12월)	동맹(10월)	무천(동예, 10월)	수릿날(5월), 계절제(10월)

✅ 발해(渤海) *

698년 고구려의 장군이었던 대조영이 지린성 돈화현 동모산 일대(현재의 만주 및 연해주, 한반도 동북부)에 고구려인과 말갈족을 합하여 세운 나라이다. 정치 조직은 당나라의 영향을 받아 3성(정당성·선조성·중대성) 6부(충·인·의·지·예·신)를 두었고 귀족회의에서 국가 중대사를 결정했다. 발해는 고구려 유민이 지배층을 이루며 고구려 문화를 계승하여 발달시켰으며, 통일신라에 대한 견제로 일본과의 교역을 추진하였다. 926년 거란족에 의해 멸망했다.

✅ 진대법(賑貸法) *

고구려 고국천왕 16년(194) 을파소의 건의로 실시한 빈민구제법이다. 춘궁기에 가난한 백성에게 관곡을 빌려주었다가 추수기인 10월에 관에 환납하게 하는 제도이다. 귀족의 고리대금업으로 인한 폐단을 막고 양민들의 노비화를 막으려는 목적으로 실시한 제도였으며, 고려의 의창제도, 조선의 환곡제도의 선구가 되었다.

✅ 태학(太學) *

고구려의 국립교육기관으로, 우리나라 최초의 교육기관이다. 소수림왕 2년(372)에 설립되어 중앙귀족의 자제에게 유학을 가르쳤다.

✅ 광개토대왕비(廣開土大王碑) **

만주 집안현 통구(通溝)에 있는 고구려 19대 광개토대왕의 비석으로, 왕이 죽은 후인 장수왕 2년(414)에 세워졌다. 비문은 고구려·신라·가야의 3국이 연합하여 왜군과 싸운 일과 왕의 일생사업을 기록한 것으로, 우리나라 최대의 비석이다. 일본은 '辛卯年來渡海破百殘口口口羅'라는 비문을 확대·왜곡 해석하여 임나일본부설의 근거로 삼고 있다. 광개토대왕의 업적으로 정복활동과 영토관리(만주 정복, 백제 정벌, 신라 구원, 동부여 및 숙신 정벌)에 대한 내용이 연대순으로 기록되어 있다.

더 알아보기

임나일본부설(任那日本府說) … 일본의 '니혼쇼기(日本書紀)'의 임나일본부, 임나관가라는 기록을 근거로 고대 낙동강유역의 변한지방을 일본의 야마토[大和]정권이 지배하던 관부(官府)라고 주장하는 설이다.

✅ 경당(慶堂)

지방의 사립교육기관으로 한학과 무술을 가르쳤다.

✅ 다라니경(陀羅尼經) *

국보 제126호로 지정되었다. 불국사 3층 석탑(석가탑)의 보수공사 때(1966) 발견된 것으로, 현존하는 세계 최고(最古)의 목판인쇄물이다. 다라니경의 출간연대는 통일신라 때인 700년대 초에서 751년 사이로 추정되며 정식 명칭은 무구정광 대다라니경이다.

✅ 마립간(麻立干) *

신라시대의 왕호이다. 신라 건국초기에는 박·석·김의 3성(姓) 부족이 연맹하여 연맹장을 세 부족이 교대로 선출했으며, 이들이 주체가 되어 신라 6촌이라는 연맹체를 조직하기에 이르렀다. 이것이 내물왕 때부터는 김씨의 왕위세습권이 확립되었고 대수장(大首長)이란 뜻을 가진 마립간을 사용하게 되었다.

✅ 골품제도(骨品制度) **

신라의 신분제로, 성골·진골·6두품 등이 있었다. 성골은 양친 모두 왕족인 자로서 28대 진덕여왕까지 왕위를 독점 세습하였으며, 진골은 양친 중 한편이 왕족인 자로서 태종무열왕 때부터 왕위를 세습하였다. 골품은 가계의 존비를 나타내고 골품 등급에 따라 복장·가옥·수레 등에 여러 가지 제한을 두었다.

✅ 향(鄉) · 소(巢) · 부곡(部曲) *

통일신라때 생겨난 특수행정구역으로 양인이지만 천역을 진 신량역천인 거주지를 말한다. 통일과정에서 저항한 지역을 강등시킴으로 생겨났으며 향 · 부곡은 농업, 소는 수공업을 담당하였다. 고려때까지 있었으나 조선때 소멸했다.

✅ 독서삼품과(讀書三品科) **

신라 때의 관리등용방법으로, 원성왕 4년(788) 시험본위로 인재를 뽑기 위하여 태학감에 설치한 제도이다. 좌전 · 예기 · 문선을 읽어 그 뜻에 능통하고 아울러 논어 · 효경에 밝은 자를 상품(上品), 곡례 · 논어 · 효경을 읽을 줄 아는 자를 중품(中品), 곡례와 논어를 읽을 줄 아는 자를 하품(下品)이라 구별하였으며, 독서출신과(讀書出身科)라고도 하였다. 그러나 골품제도 때문에 제 기능을 발휘하지는 못하였다.

✅ 신라장적(新羅帳籍) *

1933년 일본 도오다이사(東大寺) 쇼소인(正倉院)에서 발견된 것으로, 서원경(淸州)지방 4개 촌의 민정문서이다. 남녀별 · 연령별의 정확한 인구와 소 · 말 · 뽕나무 · 호도나무 · 잣나무 등을 집계하여 3년마다 촌주가 작성하였다. 호(戶)는 인정(人丁)수에 의해 9등급, 인구는 연령에 따라 6등급으로 나뉘었고, 여자도 노동력수취의 대상이 되었다. 촌주는 3 ~ 4개의 자연촌락을 다스리고 정부는 촌주에게 촌주위답을, 촌민에게는 연수유답을 지급하였다. 이 문서는 조세수취와 노동력징발의 기준을 정하기 위해 작성되었다.

✅ 진흥왕순수비(眞興王巡狩碑) *

신라 제24 대 진흥왕이 국토를 확장하고 국위를 선양하기 위하여 여러 신하를 이끌고 변경을 순수하면서 기념으로 세운 비로, 현재까지 알려진 것은 창녕비 · 북한산비 · 황초령비 · 마운령비 등이다.

✅ 화백제도(和白制度) *

신라 때 진골 출신의 고관인 대등(大等)들이 모여 국가의 중대사를 결정하는 회의이다. 만장일치로 의결하고, 한 사람이라도 반대하면 결렬되는 회의제도였다.

✅ 훈요 10조(訓要十條) *

고려 태조 26년(943)에 대광 박술희를 통해 후손에게 훈계한 정치지침서로, 신서와 훈계 10조로 이루어져 있다. 불교 · 풍수지리설 숭상, 적자적손에 의한 왕위계승, 당풍의 흡수와 거란에 대한 강경책 등의 내용으로 고려정치의 기본방향을 제시하였다.

✔ 기인제도(其人制度) **

고려초기 지방향리의 자제를 서울에 인질로 두고 지방사정에 대한 자문을 구했던 제도로, 호족세력의 억제수단이었다. 이 제도는 신라시대 상수리제도에서 유래되어 조선시대의 경저리제도로 발전하였다.

더 알아보기

상수리제도(上守吏制度) … 통일신라시대 지방 세력의 자제를 중앙에 머물게 하는 제도를 말하며, 왕권의 강화를 위해 실시하였다. 삼국을 통일한 신라는 왕권을 강화하기 위해 많은 정책을 실시하였는데, 그 중 상수리 제도는 각 주의 지방 세력의 자제들 중 한 명을 뽑아 중앙의 볼모로 와 있게 함으로써 지방의 세력을 견제하고 왕권을 강화하고자 한 것이다. 이는 고려의 기인, 조선의 경저리 제도와 유사한 제도이다.

✔ 사심관제도(事審官制度) ***

고려 태조의 민족융합정책의 하나로, 귀순한 왕족에게 그 지방정치의 자문관으로서 정치에 참여시킨 제도이다. 신라 경순왕을 경주의 사심관으로 임명한 것이 최초이다. 사심관은 부호장 이하의 향리를 임명할 수 있으며, 그 지방의 치안에 대해 연대책임을 져야 했다. 결국 지방세력가들을 견제하기 위한 제도라고 볼 수 있다.

✔ 기/출/문/제   우리은행 2018.10.28.

다음 제도 중 실시목적이 다른 하나는?

① 기인제도   ② 사심관제도
③ 상수리제도   ④ 서경제도

✔ 서경제도 *

고려 · 조선시대에 관리의 임명이나 법령의 개정 · 폐지 시 대간(고려 : 어사대 · 중서문사성 낭사, 조선 : 사헌부 · 사간원 관리)의 동의를 받도록 하는 제도를 말한다.

✔ 장생고(長生庫) *

고려 때 사원에 설치한 서민금융기관이다. 사원전에서 수확된 대부분을 자본으로 하여 민간경제의 융통을 기하는 동시에 사원 자체의 유지 · 발전을 꾀하였으나, 점차 고리대금의 성격으로 변하였다. 이로 인하여 불교 자체의 질적 저하를 가져왔으며, 귀족들의 부를 증대시켰다.

✔ 음서제도(蔭書制度) **

고려 · 조선시대에 공신이나 고위관리의 자제들이 과거에 응하지 않고도 관직에 등용되던 제도를 말한다. 조선시대는 고려시대보다 음서의 범위가 축소되었다.

✔ 무신정변(武臣政變) **

고려시대 무신들에 의해 일어난 정변으로 이는 좁은 뜻으로 볼 때 1170년(의종 24)의 정중부의 난을 말한다. 고려의 지배층을 구성한 것은 문신과 무신이 모두 해당되나, 과거제도와 함께 유교주의가 채택됨으로써 문치를 지향하는 사회가 되어 문신의 지위가 무신에 비해 높아지게 되었다. 그리하여 성종 이후 거란·여진 등 북방민족이 침입했

기/출/문/제　　　　　부평구문화재단 2019.09.

다음 중 고려시대 무신정권과 관련이 적은 것은?

① 도방　　　　② 도병마사
③ 교정도감　　④ 삼별초

을 때도 그 최고지휘관은 문신이 되었고, 무신은 그 아래에서 지휘를 받으며 많은 희생을 감수하였다. 또한 경제적 배경이 되는 전시과체제에 있어서 998년(목종 1)의 문무양반의 전시과체제의 개정 때에는 무관이 문관에 비해 낮은 품계를 받음으로써 무신의 불평은 높아지고 갈등이 깊어지게 되었다. 그 불평과 갈등은 마침내 실력행사로 나타나게 되었고, 그것은 세력의 기반을 다지지 않고서는 성공하기 힘든 것이었다. 1014년(현종 5) 급증한 백관의 녹봉을 지급하기 위해 당시 경군(京軍)의 영업전을 몰수하자, 이에 격분한 무신 최질·김훈 등은 병사들을 충동하여 반란을 일으키고 정치상의 실권을 장악하였다. 그러나 이 정권은 1년도 못되어 실패하는 바람에 더욱더 문신이 득세하는 결과를 낳았다. 계속된 숭문억무정책은 의종 때까지 이어져 명승지에 이궁과 정자를 지으면서 군졸들을 동원하였고, 급기야 문신 김돈중이 견룡대정(牽龍隊正) 정중부의 수염을 촛불로 태워 희롱하는 사태로까지 발전하였다. 결국 이러한 고려 귀족사회가 지닌 모순들은 마침내 무신정변을 일으키게 하였다. 1170년 의종이 문신들을 거느리고 장단 보현원에 행차할 때 왕을 호종하던 정중부와 이의방·이고 등은 반란을 일으켜 왕을 수행하던 문신들을 학살하고, 다시 개성으로 돌아와서 요직에 있던 문신들을 대량 학살하였다. 그들은 곧이어 의종을 폐위시키고 그의 아우 익양공을 왕(명종)으로 옹립하여 실권을 장악, 문신귀족정치를 무너뜨리고 무신정권이 성립되었다.

더 알아보기

> **정방(正房)** … 고려 최씨집권 때 최우가 자기집에 설치하여 문무백관의 인사행정을 담당하던 기관으로, 최씨정권이 몰락한 후에도 오래 존속되었다. 창왕 때 상서사로 개편되었다.

✔ 중방정치(重房政治) *

중방은 2군 6위의 상장군·대장군 16명이 모여 군사에 관한 일을 논의하던 무신의 최고회의기관으로, 정중부가 무신의 난 이후 중방에서 국정전반을 통치하던 때의 정치를 의미한다.

✔ 도방정치(都房政治) *

도방은 경대승이 정중부를 제거한 후 정권을 잡고 신변보호를 위해 처음 설치하여 정치를 하던 기구로, 그 뒤 최충헌이 더욱 강화하여 신변보호 및 집권체제 강화를 위한 군사기기로 사용하였다.

✔ 도병마사(都兵馬使) **

고려시대 중서문하성의 고관인 재신과 중추원의 고관인 추밀이 합좌하여 국가 중대사를 논의하던 최고 기관(도당)이다. 충렬왕 때 도평의사사로 바뀌었다.

✔ 교정도감(敎定都監) *

고려시대 최충헌이 무신집권기에 설치한 최고행정집행기관(인사권·징세권·감찰권)으로, 국왕보다 세도가 강했으며 우두머리인 교정별감은 최씨에 의해 대대로 계승되었다.

✔ 별무반(別武班) *

고려 숙종 9년(1104) 윤관의 건의에 따라 여진정벌을 위해 편성된 특수부대이다. 귀족 중심의 신기군(기병부대), 농민을 주축으로 한 신보군(보병부대), 승려들로 조직된 항마군으로 편성되었다.

✔ 삼별초(三別抄) **

고려 최씨집권시대의 사병집단이다. 처음에 도둑을 막기 위하여 조직한 야별초가 확장되어 좌별초·우별초로 나뉘고, 몽고군의 포로가 되었다가 도망쳐 온 자들로 조직된 신의군을 합하여 삼별초라 한다. 원종의 친몽정책에 반대하여 항쟁을 계속하였으나, 관군과 몽고군에 의해 평정되었다.

✔ 묘청의 난 ***

고려 인종 13년(1135)에 묘청이 풍수지리의 이상을 표방하고, 서경으로 천도할 것을 주장하였으나 유학자 김부식 등의 반대로 실패하자 일으킨 난이다. 관군에 토벌되어 1년만에 평정되었다. 신채호는 '조선역사상 1천 년 내의 제1의 사건'이라 하여 자주성을 높이 평가하였다.

✔ 건원중보(乾元重寶) *

고려 성종 15년(996)때 주조된 우리나라 최초의 철전(鐵錢)이다. 그 후 삼한중보·삼한통보·해동중보·해동통보·동국중보·동국통보 등을 주조하였으나 널리 통용되지는 않았다.

✔ 과전법(科田法) **

고려 말 이성계일파에 의하여 단행된 전제개혁으로 공양왕 3년(1391)에 전국의 토지를 몰수한 후 경기 토지에 한하여 전직·현직 문무관에게 사전(私田)을 지급하였다. 이것은 세습할 수 없었고, 나머지는 모두 공전(公田)으로 하였다.

✔ 전시과(田柴科) ***

고려의 토지제도로 관직이나 직역을 담당한 사람들에게 직위에 따라 전지(田地)와 시지(柴地)를 차등있게 분급하는 제도이다. 태조 23년(940)의 역분전(役分田)에 기초를 둔 것이었는데, 역분전은 통일 뒤의 논공행상적인 것이었다. 전시과라는 명칭은 문무관리에게 전지와 연료채취지인 시지를 준 데에서 비롯된다. 신라의 녹읍제가 토지 자체보다도 인간을 지배하려는데 그 목적이 컸음에 비하여 전시과는 토지를 통한 농민지배의 성격이 강했다.

더 알아보기

공음전 … 공음전시(功蔭田柴)라고도 하며 고려시대 관리에게 토지를 지급하는 전시과에 속한 토지 항목 중의 하나이다. 5품 이상의 귀족 관료에게 지급되어 세습이 허용되었다.

✔ 국자감(國子監) **

고려 성종 11년(992)에 세워진 국립대학으로, 국자학·태학·사문학의 3학과 율학·서학·산학 등의 전문학과가 있었다. 평민이 입학하여 기술학을 학습하는 유일한 국립대학이었다. 국학이라고도 불리웠는데, 후에 성균관으로 개칭되어 조선에 계승되었다.

✔ 상평창(常平倉)·의창(義倉) *

상평창은 고려 성종 12년(993)에 설치한 물가조절기관으로, 곡식과 포목 등 생활필수품을 값쌀 때 사두었다가 흉년이 들면 파는 기관이다. 이는 개경과 서경을 비롯한 전국 주요 12목에 큰 창고를 두었으며, 사회구제책과 권농책으로 오래 활용되었다. 의창은 고려 성종 5년(986)에 태조가 만든 흑창을 개칭한 빈민구제기관으로, 전국 각 주에 설치하였다. 춘궁기에 관곡에 빌려주고 추수 후에 받아들이는 제도로, 고구려 진대법과 조선의 사창·환곡과 성격이 같다.

✔ 노비안검법(奴婢按檢法) **

고려 광종 7년(956) 원래 양인이었다가 노비가 된 자들을 조사하여 해방시켜 주고자 했던 법으로, 귀족세력을 꺾고 왕권을 강화하기 위한 정책적 목적으로 실시되었다. 그러나 후에 귀족들의 불평이 많아지고 혼란이 가중되어 노비환천법이 실시되었다.

✔ 상정고금예문(詳定古今禮文) *

고려 인종 때 최윤의가 지은 것으로, 고금의 예문을 모아 편찬한 책이나 현존하지 않는다. 이규보의 동국이상국집에 이 책을 1234년(고종 21)에 활자로 찍었다고 한 것으로 보아 우리나라 최초의 금속활자본으로 추정된다.

✔ 직지심경(直指心經) **

고려 우왕 3년(1377)에 백운이라는 승려가 만든 불서로 직지심체요절(直指心體要節)이라고도 한다. 1972년 파리의 국립도서관에서 유네스코 주최로 개최된 '책의 역사' 전시회에서 발견되어 현존하는 세계 최고(最古)의 금속활자본으로 판명되었다.

✔ 조선경국전(朝鮮經國典) *

조선왕조의 건국이념과 정치·경제·사회·문화에 대한 기본방향을 설정한 헌장법전으로, 정도전·하윤 등에 의해 편찬되었다. 경국대전을 비롯한 조선왕조 법전편찬의 기초가 되었다.

✔ 도첩제(度牒制) *

조선 태조 때 실시된 억불책의 하나로, 승려에게 신분증명서에 해당하는 도첩을 지니게 한 제도이다. 승려가 되려는 자에게 국가에 대해 일정한 의무를 지게 한 다음 도첩을 주어 함부로 승려가 되는 것을 억제한 제도인데, 이로 말미암아 승려들의 세력이 크게 약화되고 불교도 쇠퇴하였다.

✔ 대동법(大同法) **

17세기 초 이원익, 한백겸의 주장으로 현물로 바치던 공물을 토지의 결수에 따라 쌀로 바치게 한 세법이다. 1결당 12두로 선조 때부터 경기지방에 실시되다가 숙종 때 함경·평안도를 제외하고 전국적으로 실시되었다. 이로써 방납의 폐해 근절, 국가재정의 증대, 농민부담의 감소, 지주부담의 증가, 공인의 등장, 상공업·화폐·교통의 발달 등의 결과를 가져왔다.

더 알아보기

선혜청 … 선조 때 이원익의 주창으로 설치되어 대동미와 베·돈의 출납 등을 맡아보던 관청이다.

✔ 균역법(均役法) ***

영조 26년(1750) 백성의 부담을 덜기 위하여 실시한 납세제도로, 종래 1년에 2필씩 내던 포를 1필로 반감하여 주고 그 재정상의 부족액을 어업세·염세·선박세와 결작의 징수로 보충하였다. 역을 균등히 하기 위해 제정하고 균역청을 설치하여 이를 관할하였으나, 관리의 부패로 농촌생활이 피폐해졌으며 19세기에는 삼정문란의 하나가 되었다.

> ☑ 기/출/문/제   경기도일자리재단 2019.06.22.
>
> 영조 26년 백성의 부담을 덜기 위해 실시한 납세제도는 무엇인가?
>
> ① 균역법
> ② 도첩제
> ③ 삼정
> ④ 대동법

✅ 삼정(三政) **

조선시대 국가재정의 근원인 전정(田政)·군정(軍政)·환곡(還穀)을 말한다. 전정이란 토지에 따라 세를 받는 것이고, 군정은 균역 대신 베 한필씩을 받는 것이며, 환곡은 빈민의 구제책으로 봄에 곡식을 빌려 주었다가 가을에 10분의 1의 이자를 합쳐 받는 것이다.

✅ 삼포왜란(三浦倭亂) *

왜인들이 중종 5년(1510)에 3포(부산포, 제포, 염포)에서 일으킨 난을 말한다. 이로 인해 임신약조를 맺게 되어 세견선과 세사미두를 반감하였고, 제포를 개항하는 동시에 중종 39년(1544)에는 왜관을 부산포로 옮겼다. 삼포왜란을 계기로 군국의 사무를 맡는 새로운 기관이 필요해짐에 따라 비변사가 설치되었다.

✅ 4군 6진(四郡六鎭) *

세종 때 영토수복정책의 일환으로 최윤덕이 압록강 일대의 여진족을 정벌하고 여연·자성·무창·우예의 4군을, 김종서가 두만강 일대의 여진족을 몰아내고 종성·온성·회령·부령·경원·경흥의 6진을 설치하였다. 4군 6진의 개척결과 오늘날 우리나라의 국토경계선이 두만강에까지 이르게 되었다.

✅ 병자호란(丙子胡亂) *

조선 인조 14년(1636) 청이 명을 정벌하기 위해서 군량과 병선의 징발을 요구하고 형제관계를 군신관계로 바꾸도록 강요하자, 이에 격분한 조선정부가 임전태세를 강화함으로써 일어난 전쟁이다. 청 태종이 용골대와 마부대를 선봉으로 10만대군을 이끌고 침입, 결국은 주화파 최명길을 통하여 삼전도에서 굴욕적인 항복을 하였다. 이 결과 청과 조선은 군신관계를 맺고 명과의 관계를 끊으며, 소현세자와 봉림대군의 두 왕자와 척화파인 홍익한, 윤집, 오달제 등 3학사를 인질로 보냈다.

더 알아보기

삼학사(三學士) … 인조 14년(1636) 병자호란 때 청에 항복함을 반대한 홍익한·윤집·오달제 등을 말한다. 이들은 척화신으로 선양에 잡혀가서 끝내 절조를 굽히지 않고 그곳에서 참혹한 형벌을 받아 죽었다.

✅ 비변사(備邊司) **

조선시대 정일품아문(正一品衙門)으로 중앙과 지방의 군국기무(軍國機務)를 총괄하던 관청이다. 중종 5년인 1510년에 처음으로 설치했을 때는 왜인 및 야인과의 충돌을 대비한 임시기구였지만, 명종 10년인 1555년부터 상설 기관화 하였다. 임진왜란 이후 정치의 중추기관 역할을 하며 의정부를 대신하여 최고아문(最高衙門)이 되었다가, 고종 대에 와서는 외교·국방·치안 관계만을 맡아보다가 1865년 폐지되었다.

✅ 소수서원(紹修書院) *

우리나라 최초의 사액서원이다. 중종 38년(1543) 풍기 군수인 주세붕이 최초의 서원인 백운동서원을 설립하였고, 명종 때 이황이 군수로 부임한 후 국왕으로부터 사액을 하사받아 소수서원이라고 개칭했다.

✅ 집현전(集賢殿) *

세종 2년(1420) 설치된 왕립학문연구소이다. 그 구성은 재주있는 연소학자로 되어 있어 각각 경연(왕의 학문지도)과 서연(세자의 학문지도), 각종 학술의 연구, 유교·지리·의학 등 국왕에 대한 학문상 고문과 정치적 자문, 각종 서적의 편찬과 저술 등을 수행하였다. 세조 때 폐지되었다가 성종 때 홍문관으로, 다시 정조 때 규장각으로 변천되었다.

✅ 규장각(奎章閣) *

정조 원년(1776)에 궁중에 설치된 왕립도서관 및 학문연구소로, 역대 국왕의 시문·친필·서화·유교 등을 관리하던 곳이다. 이는 학문을 연구하고 정사를 토론케 하여 정치의 득실을 살피는 한편, 외척·환관의 세력을 눌러 왕권을 신장시키고 문예·풍속을 진흥시키기 위한 것이었다.

✅ 탕평책(蕩平策) ***

영조가 당쟁의 뿌리를 뽑아 일당전제의 폐단을 없애고, 양반의 세력균형을 취하여 왕권의 신장과 탕탕평평을 꾀한 정책이다. 이 정책은 정조 때까지 계승되어 당쟁의 피해를 막는데 큰 성과를 거두었으나, 당쟁을 근절시키지는 못하였다.

✅ 만인소(萬人疏) *

정치의 잘못을 시정할 것을 내용으로 하는 유생들의 집단적인 상소를 말한다. 그 대표적인 것으로는 순조 23년(1823)에 서자손 차별반대 상소, 철종 6년(1845)에 사도세자 추존의 상소, 그리고 고종 18년(1881)에 김홍집이 소개한 황쭌셴의 조선책략에 의한 정치개혁반대 상소를 들 수 있다.

✅ 4색당파(四色黨派) *

조선시대 약 340년간 정권쟁탈과 사리사욕을 일삼던 북인·남인·노론·소론의 당파를 말한다. 당쟁은 선조 8년(1575) 김효원 중심의 동인과 심의겸 중심의 서인과의 대립에서 시작되었다. 4색은 선조 24년에 동인이 북인과 남인으로, 숙종 9년에 서인이 노론과 소론으로 분당되어 이루어졌다.

✅ 사육신(死六臣)·생육신(生六臣) *

조선시대 수양대군의 왕위찬탈에 의분을 느낀 집현전 학자들은 정인지·신숙주 등을 제외하고 단종복위운동을 꾀하였다. 이때 실패하여 처형당한 성삼문·박팽년·하위지·유응부·유성원·이개 등을 사육신이라 부른다. 생육신은 불사이군(不事二君)이란 명분을 내세워 벼슬을 거부하고 절개를 지킨 김시습·원호·이맹전·조여·성담수·권절(또는 남효온) 등을 말한다.

✔ 4대 사화(四大士禍) ***

조선시대 중앙관료들 간의 알력과 권력쟁탈로 인하여 많은 선비들이 화를 입었던 사건을 말한다. 4대 사화는 연산군 4년(1498)의 무오사화, 연산군 10년(1504)의 갑자사화, 중종 14년(1519)의 기묘사화, 명종 원년(1545)의 을사사화를 말한다.

4대 사화	내용
무오사화	사초(史草)가 발단이 되어 일어나 사화(史禍)라고도 하며, 김일손 등 신진사류가 유자광 중심의 훈구파에게 화를 입은 사건이다.
갑자사화	연산군의 어머니 윤씨(尹氏)의 복위문제에 얽혀서 일어난 사화로 윤씨 복위에 반대한 선비들을 처형한 사건이다.
기묘사화	남곤, 홍경주 등의 훈구파에 의해 조광조 등의 신진사류들이 숙청된 사건이다.
을사사화	왕실의 외척인 대윤(大尹)과 소윤(小尹)의 반목을 계기로 일어난 사화이다.

더 알아보기

조의제문(弔義帝文) … 조선 김종직이 초나라의 항우가 의제(義帝)를 죽여 폐위시킨 것을 조위하여 쓴 글이다. 이는 세조가 어린 단종을 죽이고 즉위한 것을 풍자한 글로서, 후에 무오사화(戊午士禍)의 원인이 되었다.

✔ 실학(實學) ***

조선 후기 17~19세기에 걸쳐 나타난 근대 지향적이고 실증적인 학문이다. 전근대적인 성향의 전통유학인 성리학의 한계에서 벗어나 부국강병과 민생안정을 도모할 수 있는 실천적인 학문을 모색한 개신적(改新的) 사상이다.

더 알아보기

중농학파(重農學派) · 중상학파(重商學派)

구분	특징
중농학파	경세치용(經世致用)학파라고도 하며, 실리적이고 체계적인 개혁을 지향하여 농촌 문제에 관심을 쏟아 토지 · 조세 · 교육 · 관리 선발 등의 폐단을 시정하고자 하였다. 유형원, 이익, 정약용 등이 이 학파에 속하며, 중농학파는 구한말의 애국계몽 사상가들과 일제 강점기 국학자들에게 큰 영향을 주었다.
중상학파	북학파(北學派), 이용후생학파(利用厚生學派)라고도 하며, 청나라 문화의 영향을 받아 등장하였다. 농업뿐 아니라 상공업 진흥과 기술 혁신 등 물질문화 발달에 관심을 보였으며, 중심 학자로 유수원, 홍대용, 박지원, 박제가 등이 있다. 중상학파의 개혁사상은 농업에만 치우친 유교적 이상국가론에서 탈피하여 부국강병을 위한 적극적인 방안을 강구하였다는 점에서 의의가 있으며, 박규수, 김옥균 등 개화사상가에게 영향을 주었다.

✔ 동의보감(東醫寶鑑) **

광해군 때 허준이 중국과 한국의 의서를 더욱 발전시켜 펴낸 의서로, 뒤에 일본과 중국에서도 간행되는 등 동양의학 발달에 크게 기여하였다. 이 책은 내과 · 외과 · 소아과 · 침구 등 각 방면의 처방을 우리 실정에 맞게 풀이하고 있다.

✓ 동사강목(東史綱目) *

조선 1778년(정조 2년) 순암(順菴) 안정복(安鼎福)이 저술한 역사서로 고조선부터 고려 말 공양왕까지의 역사를 기록하였다. 중국 송나라 주자(朱子)의 「통감강목(通鑑綱目)」의 체제에 따라 편찬한 강목체 · 편년체 사서로 본편 17권에 부록 3권이 덧붙여져 있다.

✓ 경국대전(經國大典) ***

조선 세조의 명에 의해 최항, 노사신 등이 편찬을 시작하여 성종 2년에 완성한 조선 왕조의 기본법전이다. 조선 초기 「경제육전(經濟六典)」과 그 후에 반포된 법령, 교지, 조례 등을 종합해 호전(戶典), 형전(刑典) 등의 6조(曹)로 완성된 전 6권은 책이다.

✓ 향약(鄕約) ***

조선 중종 때 조광조(여씨향약)에 의하여 처음 실시되었으며, 이황(예안향약)과 이이(해주향약)에 의해 전국적으로 보급되었다. 지방 사족이 향촌사회를 운영하는 지배수단이 되었다. 향약의 4대 덕목은 좋은 일은 서로 권한다는 의미의 '덕업상권(德業相勸)', 잘못한 일은 서로 규제한다는 의미의 '과실상규(過失相規)', 올바른 예속으로 교류한다는 의미의 '예속상교(禮俗相交)', 재난과 어려움을 서로 돕는다는 의미의 '환난상률(患難相恤)'이다.

✓ 양안(量案) *

농민층의 토지대장을 말한다. 논밭의 소재 · 위치 · 등급 · 형상 · 면적 · 자호를 적어둔 책으로, 조선시대에는 20년마다 양전(토지조사)을 하여 양안(토지대장)을 작성하였다. 경지면적과 등급을 재조사함으로써 국가재정수입을 늘리고 조세부담을 고르게 하는데 목적이 있었다.

✓ 상평통보(常平通寶) *

인조 11년(1663) 이덕형의 건의로 만들어진 화폐이다. 만들어진 후 곧 폐지되었으나, 효종 2년 김육에 의하여 새로 만들어져 서울과 서북지방에서 잠시 사용되다가 다시 폐지되었다. 그후 숙종 4년(1678)에 허적에 의하여 새로이 주조되어 전국적으로 통용되었다.

✓ 도고(都賈) *

조선 후기 대규모의 자본으로 상품을 매점매석하여 이윤의 극대화를 노리던 상행위 또는 그러한 상행위를 하던 상인이나 상인조직을 일컫는다. 도고의 성장은 상인의 계층 분화를 촉진시키는 요인으로 작용하였다.

✅ 육의전(六矣廛) *

조선 때 운종가(종로)에 설치되어 왕실·국가의식의 수요를 도맡아 공급하던 어용상점을 말한다. 비단·무명·명주·모시·종이·어물 등 여섯 종류였고, 이들은 고율의 세금과 국역을 물고 납품을 독점하였으며, 금난전권을 행사하며 자유로운 거래를 제한하였다.

더 알아보기

금난전권 … 난전을 금압하는 시전상인들의 독점판매권이다. 18세기 말 정조 때 신해통공정책으로 육의전을 제외한 모든 시전상인들의 금난전권이 철폐되었다.

✅ 조사시찰단(紳士遊覽團) *

고종 18년(1881) 일본에 파견하여 새로운 문물제도를 시찰케 한 사절단을 말한다. 강화도조약이 체결된 뒤 수신사 김기수와 김홍집은 일본에 다녀와서 서양의 근대문명과 일본의 문물제도를 배워야 한다고 주장하였다. 이에 조선정부는 박정양·조준영·어윤중·홍영식 등과 이들을 보조하는 수원·통사·종인으로 조사시찰단을 편성하여 일본에 체류하면서 문교·내무·농상·의무·군부 등 각 성(省)의 시설과 세관·조례 등의 주요 부분 및 제사(製絲)·잠업 등에 이르기까지 고루 시찰하고 돌아왔다.

✅ 강화도조약 ***

운요호사건을 빌미로 고종 13년(1876) 일본과 맺은 최초의 근대적 조약으로, 일명 병자수호조약이라고도 한다. 부산·인천·원산 등 3항의 개항과 치외법권의 인정 등을 내용으로 하는 불평등한 조약이나, 이를 계기로 개국과 개화가 비롯되었다는데 큰 의의가 있다.

더 알아보기

운요호사건 … 고종 12년(1875) 수차에 걸쳐 통상요구를 거절당한 일본이 수호조약의 체결을 목적으로 군함 운요호를 출동시켜 한강으로 들어오자 강화수병이 이에 발포, 충돌한 사건이다.

✅ 임오군란(壬午軍亂) **

고종 19년(1882) 개화파와 보수파의 대립으로 일어난 사건으로, 신·구식 군대차별이 발단이 되었다. 이 결과 대원군이 재집권하게 되었으나, 민씨일파의 책동으로 청의 내정간섭이 시작되고 이로 인해 제물포조약이 체결되어 일본의 조선침략의 발판이 되었다.

✔ 별기군(別技軍) *

고종 18년(1881)에 설치한 신식군대로, 강화도 조약 체결 이후 노골화 되는 제국주의세력에 대한 부국강병책의 일환으로 설립되었다. 일본의 육군공병 소위 호리모도를 초빙하여 교관으로 삼고 100명으로 편성된 별기군을 훈련시켰다. 별기군은 임오군란 때 폐지되었다.

✔ 갑신정변(甲申政變) ***

고종 21년(1884) 개화당의 김옥균, 박영효 등이 중심이 되어 우정국 낙성식에서 민씨일파를 제거하고 개화정부를 세우려 했던 정변이다. 갑신정변은 청의 지나친 내정간섭과 민씨세력의 사대적 경향을 저지하고 자주독립국가를 세우려는 의도에서 일어났으나, 청의 개입과 일본의 배신으로 3일천하로 끝났다. 근대적 정치개혁에 대한 최초의 시도였다는 점에 큰 의의가 있다.

✔ 동학농민운동 **

고종 31년(1894) 전라도 고부에서 동학교도 전봉준 등이 일으킨 민란에서 비롯된 농민운동을 말한다. 교조신원운동의 묵살, 전라도 고부군수 조병갑의 착취와 동학교도 탄압에 대한 불만이 도화선이 된 이 운동은 조선 봉건사회의 억압적인 구조에 대한 농민운동으로 확대되어 전라도 · 충청도 일대의 농민이 참가하였으나, 청 · 일 양군의 간섭으로 실패했다. 이 운동의 결과 대외적으로는 청일전쟁이 일어났고, 대내적으로는 갑오개혁이 추진되었다. 또한 유교적 전통사회가 붕괴되고 근대사회로 전진하는 중요한 계기가 되었다.

> 📋 기 / 출 / 문 / 제 수원시지속가능도시재단 2020.05.30.
>
> **동학농민운동에 대한 설명으로 옳은 것은?**
>
> ① 고종 31년 전라도 고부에서 전봉준이 일으킨 운동이다.
> ② 이 운동의 내용은 청의 종주권 부인, 개국연호 사용, 관재개혁, 과거제 폐지 등이다.
> ③ 대원군이 천주교도를 탄압하여 강화도에서 일어난 사건이다.
> ④ 영국이 전라남도에 있는 거문도를 불법 점거한 사건이다.

✔ 갑오개혁(甲午改革) ***

고종 31년(1894) 일본의 강압에 의해 김홍집을 총재관으로 하는 군국기무처를 설치하여 실시한 근대적 개혁이다. 내용은 청의 종주권 부인, 개국연호 사용, 관제개혁, 사법권 독립, 재정의 일원화, 은본위제 채택, 사민평등, 과부개가 허용, 과거제 폐지, 조혼금지 등이다. 이 개혁은 근대화의 출발점이 되었으나, 보수적인 봉건잔재가 사회 하층부에 남아 있어 근대화의 기형적인 발달을 보게 되었다.

더 알아보기

홍범 14조 … 고종 31년(1894)에 국문 · 국한문 · 한문의 세 가지로 반포한 14개조의 강령으로, 우리나라 최초의 헌법이다. 갑오개혁 이후 내정개혁과 자주독립의 기초를 확고히 하려는 목적으로 발표되었다.

✅ 거문도사건 *

고종 22년(1885) 영국이 전라남도에 있는 거문도를 불법 점거한 사건이다. 당시 영국은 러시아의 남하를 막는다는 이유로 러시아함대의 길목인 대한해협을 차단하고자 거문도를 점령하였다. 그리하여 조선 정부는 청국정부를 통해서 영국에 항의를 하게 되고 청국정부도 중간 알선에 나서게 되었다. 그 후 러시아도 조선의 영토를 점거할 의사가 없다고 약속함으로써 영국함대는 고종 24년(1887) 거문도에서 철수했다.

✅ 병인양요(丙寅洋擾) *

고종 3년(1866) 대원군이 천주교도를 탄압하자 리델(Ridel)신부가 탈출하여 천진에 와 있던 프랑스함대에 보고함으로써 일어난 사건이다. 그해에 프랑스 로즈(Rose)제독은 함선을 이끌고 강화도를 공격 · 점령했는데, 대원군이 이경하 등으로 하여금 싸우게 하여 40여일만에 프랑스군을 격퇴시켰다.

✅ 단발령(斷髮令) *

고종 32년(1895) 친일 김홍집내각이 백성들에게 머리를 깎게 한 명령이다. 그러나 을미사변으로 인하여 일본에 대한 감정이 좋지 않았던 차에 단발령이 내리자, 이에 반대한 전국의 유생들이 각지에서 의병을 일으키게 되었다.

더 알아보기

을미사변(乙未事變) ⋯ 조선 고종 32년(1895) 일본공사 미우라가 친러세력을 제거하기 위하여 명성황후를 시해한 사건이다. 을미사변은 민족감정을 크게 자극하여 의병을 일으키는 계기가 되었다.

✅ 방곡령(防穀令) *

고종 26년(1889) 함경감사 조병식이 식량난을 막기 위해 곡물의 일본수출을 금지한 것이다. 함경도와 황해도지방에 방곡령을 선포하였으나 조일통상장정에 위배된다는 일본의 항의로 배상금만 물고 실효를 거두지 못하였다.

✅ 독립협회(獨立協會) **

조선 고종 33년(1896)에 서재필 · 안창호 · 이승만 · 윤치호 등이 정부의 외세의존, 외국의 침략, 이권의 박탈 등을 계기로 독립정신을 고취시키기 위하여 만든 정치적 색채를 띤 사회단체이다. 종래의 인습타파 및 독립정신 고취 등 국민계몽에 힘썼으며, 독립문을 건립하고 독립신문을 발간하였으나 황국협회의 방해 등으로 1898년에 해산되었다.

더 알아보기

황국협회 ⋯ 광무 2년(1898)에 홍종우 · 길영수 · 이기동 · 박유진 등이 조직한 정치 · 사회단체로, 보부상과 연결되어 독립협회의 활동을 견제하였다.

✔ 관민공동회(官民共同會) *

열강의 이권침탈에 대항하여 자주독립의 수호와 자유민권의 신장을 위하여 독립협회 주최로 열린 민중대회이다. 1898년 3월 서울 종로 네거리에서 러시아인 탁지부 고문과 군부 교련사관의 해고를 요구하고 이승만·홍정하 등 청년 연사가 열렬한 연설을 하여 대중의 여론을 일으켰다. 이 대회는 계속 개최되어 그 해 10월에는 윤치호를 회장으로 선출, 정부의 매국적 행위를 공격하고 시국에 대한 개혁안인 헌의 6조를 결의하였다. 이 개혁안은 국왕에게 제출되어 왕도 처음에는 그 정당성을 인정하고 그 실시를 확약하였으나 보수적 관료들의 반대로 이에 관계한 대신들만 파면되고 실현을 보지 못하였다. 독립협회의 해산 후 얼마 동안은 만민공동회라는 이름으로 활약하였다.

더 알아보기

헌의 6조의 내용
- 외국인에게 의지하지 말 것
- 외국과의 이권에 관한 계약과 조약은 각 대신과 중추원 의장이 합동 날인하여 시행할 것
- 국가재정은 탁지부에서 전관하고, 예산과 결산을 국민에게 공포할 것
- 중대 범죄를 공판하되, 피고의 인권을 존중할 것
- 칙임관을 임명할 때에는 정부에 그 뜻을 물어서 중의에 따를 것
- 정해진 규정을 실천할 것

✔ 아관파천(俄館播遷) **

명성황후가 살해된 을미사변(乙未事變) 이후 신변에 위협을 느낀 고종과 왕세자가 1896년 2월부터 약 1년간 왕궁을 버리고 러시아 공관으로 옮겨 거처한 사건을 말한다. 조선의 보호국을 자처하게 된 러시아는 아관파천을 계기로 조선정부에 압력을 가하여 압록강 연안과 울릉도의 산림채벌권을 비롯하여 광산채굴권, 경원전신선(京元電信線)을 시베리아 전선에 연결하는 권리 등의 이권을 차지했다.

✔ 을사조약(乙巳條約) ***

광무 9년(1905) 일본이 한국을 보호한다는 명목 아래 강제로 체결한 조약으로 제2차 한일협약이라고도 한다. 러일전쟁의 승리와 영일동맹조약 개정 등으로 한국에 대한 우월한 권익과 지위를 국제적으로 인정받은 일본은 이토 히로부미를 파견하여 강압적으로 조약을 체결하였다. 이 결과 우리나라는 주권을 상실하고 외교권을 박탈당했으며, 일본은 서울에 통감부를 두고 보호정치를 실시하였다.

더 알아보기

을사 5적(乙巳五賊) ··· 을사조약을 체결할 때 찬성 또는 묵인한 5인의 매국노로, 박제순·이완용·이근택·이지용·권중현을 말한다.

✔ 국권수호운동(國權守護運動) **

1905년 체결된 한일협약에 반대하여 일어난 국민적 운동이다. 고종은 만국평화회의에 밀사를 파견하여 을사조약이 무효임을 호소하였으나 결국 일제에 의해 고종이 강제 퇴위당하고 정미 7조약이 맺어지면서 일본이 내정을 장악하게 되었다. 이에 일본의 식민지화를 반대하고 주권회복과 자주독립을 위해 근대문물을 받아들여 실력을 양성하자는 애국계몽운동과 무력으로 일제를 물리치자는 항일의병운동이 일어났다. 이와 같은 국권회복운동은 관원·양반·상인·농민·천민에 이르기까지 전 계층의 호응을 얻어 전국적으로 전개되었다. 이러한 운동들은 일제강점기 동안 점차 실력양성론과 무장투쟁론으로 자리 잡아갔다.

더 알아보기

정미 7조약(丁未七條約) ··· 정식명칭은 한일신협약이다. 1907년 일본이 대한제국을 병합하기 위한 예비조처로 헤이그밀사사건을 구실삼아 고종을 퇴위시키고 강제적으로 맺은 조약이다. 이로 인해 통감의 권한이 확대되고 일본인 차관이 행정실무를 담당하는 차관정치가 실시되었다.

✔ 국채보상운동(國債報償運動) *

1907년 일본에 대한 외채가 너무 많아 일본에의 예속을 면치 못하자, 서상돈·김광제 등이 국채보상기성회를 조직하여 금연·금주운동을 전개했던 운동이다. 국민들로 하여금 많은 호응을 받았으나 통감부의 탄압으로 얼마 못가 중지되고 말았다.

✔ 헤이그밀사사건 *

을사조약에 의하여 일본에게 모든 실권을 빼앗기고 백성들이 극심한 착취와 탄압에 시달리게 되자, 고종은 1907년 6월에 네덜란드 헤이그에서 열리는 만국평화회의에 밀사를 파견하였다. 이준·이상설·이위종 세 사람의 밀사는 국제정의 앞에 당시 우리나라의 상황을 호소하고자 하였으나, 일본의 방해로 뜻을 이루지 못하였다.

✔ 신민회(新民會) *

1907년 안창호·양기탁·이동녕·이동휘·신채호 등이 조직한 비밀결사단체로, 정치·교육·문화 등 계몽운동과 항일운동을 고취시켰다. 민족산업의 육성을 위해 평양에 자기회사를 설립·운영하는 한편, 대구에 태극서관 창설·해외에 독립운동기지 건설 등 구국운동의 인재를 양성하였으나, 1910년 105인 사건으로 해체되었다.

✔ 대한민국 임시정부(大韓民國臨時政府) **

3·1운동이 일어난 후 일본통치에 조직적으로 항거하는 기관의 필요성을 느낀 애국지사들이 1919년 4월 13일 조국의 광복을 위해 임시로 중국 상하이에서 조직하여 선포한 정부이다. 임시정부는 외교위원부를 두어 다각적인 외교활동을 전개하였고 독립신문을 발행하고 한일관계자료집을 간행하는 등의 많은 업적을 남겼다. 1940년대에는 '한국광복군'도 창설하여 연합국과 연합작전을 벌이고 국내진공작전도 시행하려 하였다. 임시정부는 1948년 정부수립까지 독립운동의 대표기관이었다.

✔ 물산장려운동(物産獎勵運動) *

1922년 평양에 설립된 조선물산장려회가 계기가 되어 조만식을 중심으로 일어난 민족운동이다. 서울의 조선청년연합회가 주동이 되어 전국적 규모의 조선물산장려회를 조직, 국산품 애용·민족기업의 육성 등의 구호를 내걸고 강연회와 시위선전을 벌였으나, 일제의 탄압으로 유명무실해지고 1940년에는 총독부 명령으로 조선물산장려회가 강제 해산되었다.

✔ 신간회(新幹會) *

1927년 민족주의자와 사회주의자가 통합하여 조직한 최대 항일민족운동단체이다. 주요 활동으로는 아동의 수업료 면제·조선어교육 요구·착취기관 철폐·이민정책 반대 등을 제창하였고, 광주학생운동을 지원하기도 했다. 자매단체로는 여성단체인 근우회가 있었다.

✔ 우리나라의 해방과 국제회담 **

연대	회합	대표국	내용
1948	카이로선언	미·영·중	한국 해방·독립을 결의한 최초의 회담
	테헤란회담	미·영·소	연합국 상륙작전
1945	얄타회담	미·영·소	소련의 대일참전 및 38선 설정
	포츠담선언	미·영·소	카이로선언의 재확인
1945	모스크바 3국외상회의	미·영·소	5년간의 신탁통치 결정
1946	미·소 공동위원회	미·소	통일문제 토의

✔ 건국준비위원회 *

1945년 8 · 15해방 이후 여운형을 중심으로 국내인사들이 조직한 최초의 정치단체를 말한다. 민족 총역량을 일원화하여 일시적 과도기에서의 국내질서를 자주적으로 유지할 것을 목표로 삼았다. 전국에 지부를 설치하고 치안대를 동원하여 국내 유일의 정치세력을 형성, 국호를 조선인민공화국이라 정하고 형식상 민족자주정권의 수립을 기도했으나, 상해임시정부의 귀국과 미군정의 실시 등으로 해체되었다.

✔ 3 · 15의거(마산의거) *

이승만 자유당 정부는 1960년 3 · 15 정 · 부통령선거에서 장기집권을 위해 선거준비과정에서부터 노골적인 부정행위를 했는데, 이에 대구에서 학생들의 첫 시위인 2 · 28시위가 터지게 된다. 그러다가 3월 15일 선거날 공공연한 부정행위가 목격되었다. 이에 마산시민들은 '협잡선거 물리치라'는 구호를 외치며 항의하기 시작했고 항의하는 시민에게 경찰들이 최루탄 및 총기를 무차별 난사하여 많은 인명이 살상되었다. 또한 28일 동안 실종되었던 김주열의 시체가 4월 11일 마산 중앙부두에서 떠오르자 이에 분노한 마산시민의 2차 시위와 함께 전국민의 분노가 확산되어 4 · 19혁명의 기폭제가 되었다. 현재 3 · 15의거를 기념하기 위해 3월 15일 전후하여 기념마라톤대회, 전국웅변대회, 백일장 등 문화체육행사를 지속적으로 실시하고 있으며 2003년 3월에는 3 · 15 국립묘지가 준공되었다.

1 다음에서 설명하는 이 나라는 어디인가?

> 이 나라 사람들은 12월이 되면 하늘에 제사를 드리는데, 온 나라 백성이 크게 모여서 며칠을 두고 음식을 먹고 노래하며 춤추니, 그것을 곧 영고라 한다. 이때에는 형옥(刑獄)을 중단하고 죄수를 풀어 준다. 전쟁을 하게 되면 그 때에도 하늘에 제사를 지내고, 소를 잡아서 그 발굽을 가지고 길흉을 점친다.

① 부여   ② 고구려

③ 동예   ④ 옥저

2 다음에 관한 업적을 가진 왕은 누구인가?

> • 전제 왕권 강화   • 김흠돌의 난 이후 개혁 실시
> • 국학 설립   • 관료전 지급
> • 녹읍 폐지

① 문무왕   ② 무열왕

③ 신문왕   ④ 장수왕

3 다음 그림과 글에 대한 업적으로 알맞은 왕은 누구인가?

- 유네스코 세계문화유산으로 지정된 수원 화성
- 정약용의 거중기를 사용하여 건축
- 개혁의 의지를 담아 축조

① 숙종   ② 영조
③ 정조   ④ 고종

4 다음은 고려의 대외 관계를 대표하는 주요 사건을 나열한 것이다. 일어난 순서는 어떻게 되는가?

A. 귀주대첩   B. 별무반 편성
C. 동북 9성 축조   D. 강화도 천도
E. 삼별초 항쟁

① A − B − C − D − E   ② A − B − D − C − E
③ B − A − C − D − E   ④ B − A − C − E − D

5 다음은 지눌과 관련된 내용을 정리한 것이다. 빈칸에 들어갈 내용으로 적절한 것은?

- 보조국사
- 선종 입장에서 교종 통합
- 정혜쌍수
- 권수정혜결사문 선포
- (   )
- 돈오점수
- 수선사 조직

① 천태종 개창
② 조계종 확립
③ 왕오천축국전 집필
④ 화엄사상

6 다음의 역사적 사건이 일어난 순서대로 나열한 것은?

- A. 무신정변
- C. 이자겸의 난
- E. 개경환도
- B. 위화도회군
- D. 귀주대첩

① D − C − E − A − B
② D − C − A − E − B
③ E − D − C − A − B
④ E − D − A − C − B

7 이곳은 고려 시대에 송과 아라비아 상인 등이 드나들며 교역이 이루어진 국제 무역항으로 수도 개경과 가까운 예성강 하구에 위치해 있었다. 이곳은 어디인가?

① 의주
② 서경
③ 합포
④ 벽란도

8 다음 중 세종대왕의 명에 의해 장영실이 제작한 발명품을 고르면?

① 거북선　　　　　　　　　② 신기전

③ 거중기　　　　　　　　　④ 앙부일구

9 다음의 내용과 관련이 있는 나라는 어디인가?

> • 상가, 고추가　　　　　• 데릴사위제(서옥제)
> • 제가회의　　　　　　　• 추수감사제(동맹)

① 부여　　　　　　　　　　② 고구려

③ 동예　　　　　　　　　　④ 옥저

10 다음의 내용과 관계있는 인물은 누구인가?

> 금강삼매경론, 대승기신론소 등을 저술하여 불교를 이해하는 기준을 확립하였으며, 불교의 대중화에 공헌하였다.

① 원효　　　　　　　　　　② 의상

③ 의천　　　　　　　　　　④ 지눌

11 다음 조선 중기 사화를 발생한 순서대로 나열한 것은 무엇인가?

> A. 갑자사화
> C. 무오사화
>
> B. 기묘사화
> D. 을사사화

① A - B - C - D   ② B - A - D - C
③ C - A - B - D   ④ C - A - D - B

12 다음의 역사적 사건이 일어난 순서는 어떻게 되는가?

> A. 병자호란
> C. 한글 창제
> E. 갑오개혁
>
> B. 삼별초 항쟁
> D. 3 · 1운동

① A - B - C - D - E   ② B - A - C - D - E
③ B - A - E - C - D   ④ C - A - E - B - D

13 다음의 설명에 대한 조선 후기 화가는 누구인가?

> • 서민들의 일상 생활을 소박하고 익살스럽게 묘사
> • 서당도, 씨름도 등

① 신윤복   ② 강세황
③ 장승업   ④ 김홍도

14 조선시대 궁궐로 1868년 경복궁이 다시 지어질 때까지 경복궁의 역할을 대체하여 임금이 거처하며 나라를 다스리는 정궁이 된 곳은 어디인가?

① 경복궁　　　　　　　　　　　② 창덕궁

③ 창경궁　　　　　　　　　　　④ 덕수궁

15 다음에서 설명하는 고려 말기의 세력은 누구인가?

- 지방의 중소지주층이나 향리 출신이 많았다.
- 성리학을 공부하여 과거를 통해 중앙관리로 진출하였다.
- 불교의 폐단을 지적하여 사회개혁을 적극적으로 주장하였다.

① 문벌귀족　　　　　　　　　　② 권문세족

③ 신진사대부　　　　　　　　　④ 무인세력

⑤ 육두품

16 다음 인물들이 살아온 시대 순으로 정리한 것으로 알맞은 것은?

- A. 유관순　　　　　　　B. 김유신
- C. 왕건　　　　　　　　D. 정약용
- E. 허준

① B - C - E - D - A　　　　　② B - E - C - D - A

③ B - E - C - A - D　　　　　④ C - D - E - A - B

17 1372년 백운화상이 선의 참뜻을 깨닫게 하려고 엮은 책으로 금속활자로 만든 세계 최초의 책의 이름은?

① 삼국유사   ② 팔만대장경

③ 삼국사기   ④ 직지심체요절

18 다음의 나라들이 건국된 순서대로 바르게 정렬한 것은 무엇인가?

> A. 고조선   B. 발해
>
> C. 백제   D. 고려
>
> E. 조선

① A － B － C － D － E   ② A － B － C － E － D

③ A － C － B － D － E   ④ A － C － D － B － E

19 국보 제32호로 몽골이 고려를 침입하자 부처의 힘으로 몽골군을 물리치기 위해 만든 것은 무엇인가?

① 팔만대장경   ② 직지심경

③ 고려사절요   ④ 동사강목

20 이순신 장군이 승리한 해전이 아닌 것은?

① 옥포해전   ② 한산대첩

③ 명량해전   ④ 행주대첩

21 최씨 무신정권이 고용한 군인으로서 좌별초, 우별초, 신의군으로 구성된 것은 무엇인가?

① 별무반   ② 삼별초

③ 어영청   ④ 별기군

22 조선 후기, 양반 최제우가 유교, 불교, 도교, 무속신앙 등의 교리들을 합쳐 만든 우리나라 민족 종교로 '인내천'이라는 중심 사상을 가진 것은 무엇인가?

① 동학   ② 대종교

③ 천도교   ④ 실학

23 단군이 홍익인간의 이념으로 건국한 우리나라 최초의 나라는 어디인가?

① 고구려   ② 조선

③ 고조선   ④ 고려

24 출신성분에 따라 골과 품으로 등급을 나누는 신라의 신분제도를 무엇이라 하는가?

① 골품제   ② 화랑도

③ 카스트   ④ 화백제

25 다음의 사건들을 일어난 순서대로 바르게 나열한 것은 무엇인가?

> A. 척화비 건립　　　　　　　　B. 병인양요
> C. 제너럴 셔먼호 사건　　　　　D. 오페르트 남연군 묘 도굴 미수 사건
> E. 신미양요

① B − A − C − D − E　　　　② B − C − A − D − E
③ C − B − D − E − A　　　　④ C − A − B − D − E

26 다음 역사적 사건을 순서대로 나열한 것은 무엇인가?

> A. 5 · 18 민주화 운동　　　　　B. 6월 민주 항쟁
> C. 유신헌법 공포　　　　　　　D 4 · 19 혁명

① D − A − B − C　　　　　② D − B − A − C
③ D − B − C − A　　　　　④ D − C − A − B

27 조선을 건국한 왕은 누구인가?

① 이방원　　　　　　　　② 이방과
③ 이제　　　　　　　　　④ 이성계

28 다음의 내용과 관련이 깊은 사건은 무엇인가?

> • 고종이 러시아 공사관으로 거처를 옮겼다.
> • 열강에 의한 각종 이권침탈이 심화되었다.
> • 독립협회가 조직되어 환궁을 요구하였다.

① 갑오개혁　　　　　　　　　② 아관파천
③ 갑신정변　　　　　　　　　④ 임오군란

29 왕의 친척이나 신하가 강력한 권력을 잡고 온갖 결정을 마음대로 하는 정치 형태를 무엇이라고 하는가?
① 수렴청정　　　　　　　　　② 탕평정치
③ 세도정치　　　　　　　　　④ 붕당정치

30 기원전 18년 고구려에서 내려온 유이민들이 한강 근처의 위례성에 자리 잡고 세운 나라는 어디인가?
① 고구려　　　　　　　　　② 신라
③ 백제　　　　　　　　　　④ 가야

31 다음과 같이 주장한 학자는 누구인가?

> 재물이란 우물의 물과 같다. 퍼내면 차게 마련이고 이용하지 않으면 말라 버린다. 그렇듯이 비단을 입지 않기 때문에 나라 안에 비단 짜는 사람이 없고, 그릇이 찌그러져도 개의치 않으며 정교한 기구를 애써 만들려 하지 않으니, 기술자나 질그릇 굽는 사람들이 없어져 각종 기술이 전해지지 않는다. 심지어 농업도 황폐해져 농사짓는 방법을 잊어버렸고, 장사를 해도 이익이 없어 생업을 포기하기에 이르렀다. 이렇듯 사민(四民)이 모두 가난하니 서로가 도울 길이 없다. 나라 안에 있는 보물도 이용하지 않아서 외국으로 흘러 들어가 버리는 실정이다. 그러니 남들이 부강해질수록 우리는 점점 가난해지는 것이다.

① 박제가   ② 유형원

③ 홍대용   ④ 박지원

32 신라 제27대 왕으로 진평왕의 뒤를 이은 신라 최초의 여왕은 누구인가?

① 선화공주   ② 진덕여왕

③ 선덕여왕   ④ 진성여왕

33 태조의 셋째 아들로 노비안검법을 제정하고, 958년 쌍기의 건의에 따라 과거 제도를 실시한 고려 제4대 왕은 누구인가?

① 목종   ② 성종

③ 경종   ④ 광종

34 삼국시대에 낙동강 하류의 변한 땅에서 여러 작은 나라들이 모여 연맹체를 이룬 나라는 어디인가?

① 고구려   ② 신라

③ 가야   ④ 백제

35 우리 역사상 가장 넓은 영토를 개척했으며, 해동성국이라 불렸던 나라는 어디인가?

① 고구려   ② 발해

③ 고려   ④ 조선

36 돌로 구불구불한 도랑을 타원형으로 만들고, 그 도랑을 따라 물이 흐르게 만든 정원으로, 신라귀족들은 이 물줄기의 둘레에 둘러앉아 흐르는 물에 잔을 띄우고 시를 읊으며 화려한 연회를 벌였다고 한다. 훗날 경애왕이 이곳에서 화려한 연회를 벌이던 중 뜻하지 않은 후백제군의 공격을 받아 잡혀죽었다는 일화가 전하기도 하는 이곳은 어디인가?

① 안압지   ② 포석정

③ 경회루   ④ 팔각정

⑤ 삼릉숲

37 불교를 도입하고, 태학을 설립하였으며 율령을 반포하는 등 국가체제를 정비하여 5세기 고구려 전성기의 기틀을 마련한 고구려의 제17대 왕은 누구인가?

① 광개토대왕   ② 장수왕

③ 소수림왕   ④ 고국천왕

38 조선시대에 나라를 다스리는 기준이 된 최고의 법전은 무엇인가?

① 경국대전   ② 대전통편

③ 속대전   ④ 대전회통

39 백제가 왜왕에게 하사한 철제 칼로 일본 국보로 지정되어 있는 이 칼의 이름은 무엇인가?

① 첨자도   ② 은장도

③ 단도   ④ 칠지도

40 통일신라시대 때 군사제도를 정비하면서 만든 중앙군으로 옛 삼국인과 말갈인을 포함시켜 민족 융합을 도모한 군대는 무엇인가?

① 9주   ② 5소경

③ 9서당   ④ 10정

41 백제의 장군으로 5,000명의 결사대를 이끌고 죽을 각오로 황산벌에서 전투를 한 사람은 누구인가?

① 을지문덕   ② 관창

③ 연개소문   ④ 계백

42 신라 진평왕 때 승려 원광이 화랑에게 일러 준 다섯 가지 계율인 세속오계가 아닌 것은?

① 사군이충 ② 살생유택
③ 교우이신 ④ 부부유별

43 수나라의 대군을 상대로 살수에서 수나라군 30만을 수장시키며 고구려와 수나라의 전투를 승리로 이 끈 장군의 이름은 무엇인가?

① 을지문덕 ② 연개소문
③ 김유신 ④ 강감찬

44 조선 후기 서민들 사이에서 유행했던 그림으로 꽃, 새, 물고기, 까치, 십장생, 산수, 풍속 등 자연 생 활에서 흔히 볼 수 있는 것들이 소재가 되었던 그림을 무엇이라 하는가?

① 풍속화 ② 민화
③ 산수화 ④ 문인화

45 꽃처럼 아름다운 청년이라는 뜻의 신라시대의 청소년 수련단체는 무엇인가?

① 향도 ② 백화도
③ 화랑도 ④ 수호대

46 통일신라시대 서원경 근처 4개 촌락의 여러 가지 경제생활을 기록한 토지문서로 남녀별, 연령별 인구와 노비의 수 등이 기록되어 있는 것은 무엇인가?

① 토지대장　　　　　　　　　　② 노비문서

③ 민정문서　　　　　　　　　　④ 촌주일지

47 청해진을 설치해 우리나라에서 최초로 동아시아 바다를 지배해 바다를 통한 교역을 연 신라의 인물은 누구인가?

① 대조영　　　　　　　　　　　② 장영실

③ 최무선　　　　　　　　　　　④ 장보고

48 삼국시대에 신라와 백제가 고구려의 남진을 막기 위해 체결한 동맹은 무엇인가?

① 나당동맹　　　　　　　　　　② 조명동맹

③ 나려동맹　　　　　　　　　　④ 나제동맹

49 고구려의 명장이자 안시성전투를 승리로 이끈 안시성의 성주는 누구인가?

① 양만춘   ② 온사문
③ 최영   ④ 김종서

50 백제의 13대 왕으로, 백제의 전성기를 이끌었던 왕은 누구인가?

① 비류왕   ② 근초고왕
③ 개로왕   ④ 동성왕

PART

III

인성검사

01 인성검사의 개요

1 인성(성격)검사의 개념과 목적

인성(성격)이란 개인을 특징짓는 평범하고 일상적인 사회적 이미지, 즉 지속적이고 일관된 공적 성격(Public-personality)이며, 환경에 대응함으로써 선천적·후천적 요소의 상호작용으로 결정화된 심리적·사회적 특성 및 경향을 의미한다. 여러 연구 결과에 따르면 직무에서의 성공과 관련된 특성들은 개인의 능력보다 성격과 관련이 있다고 한다.

공기업에서는 인성검사를 통하여 각 개인이 어떠한 성격 특성이 발달되어 있고, 어떤 특성이 얼마나 부족한지, 그것이 해당 직무의 특성 및 조직문화와 얼마나 맞는지를 알아보고 이에 적합한 인재를 선발하고자 한다. 또한 개인에게 적합한 직무 배분과 부족한 부분을 교육을 통해 보완하도록 할 수 있다.

현재 공기업들은 인성검사를 한국행동과학연구소나 한국에스에이치엘 등의 기관에 의뢰하여 시행하고 있다. 한국수력원자력, 한국남동발전, 한국중부발전, 한국동서발전, 한국남부발전, 한국서부발전, 한국전력기술, 한전원자력연료, 한전KDN, 한국석유공사, 한국토지공사, 한국가스공사, 한국방송공사(KBS), 한국방송광고공사, 대한송유관공사, 한국기업평가, 법무부 등은 한국행동과학연구소에 인성검사를 의뢰하고 있는 곳이다.

인성검사의 문항은 각 개인의 특성을 알아보고자 하는 것으로 절대적으로 옳거나 틀린 답이 없다. 결과를 지나치게 의식하여 솔직하게 응답하지 않으면 과장 반응으로 분류될 수 있다. 그러므로 각 문항에 대해 자신의 생각이나 행동을 있는 그대로 솔직하게 나타내는 것이 가장 바람직하다.

인성검사의 측정요소는 검사방법에 따라 차이가 있다. 일부 기관의 경우는 보안을 위해 인성검사를 의뢰한 기업과 문항에 대한 공개를 하지 않아서 인성검사의 유형을 정확히 파악하는 것이 어렵다.

본 책에서는 일상생활에 활용할 수 있도록 고안된 자기보고식 성격유형지표인 MBTI와 인간의 행동유형(성격)과 행동패턴을 파악하는데 유용한 DISC행동유형, U-K 검사에 대한 간략한 소개를 실었다.

2 인성검사 대책

(1) 솔직하게 있는 그대로 표현한다

인성검사는 평범한 일상생활 내용들을 다룬 짧은 문장과 어떤 대상이나 일에 대한 선호를 선택하는 문장으로 구성되었으므로 평소에 자신이 생각한 바를 너무 골똘히 생각하지 말고 문제를 보는 순간 떠오른 것을 표현한다.

(2) 모든 문제를 신속하게 대답한다

인성검사는 시간제한이 없는 것이 원칙이지만 일정한 시간제한을 두고 있다. 인성검사는 개인의 성격과 자질을 알아보기 위한 검사이기 때문에 정답이 없다. 다만, 해당 공기업에서 바람직하게 생각하거나 기대되는 결과가 있을 뿐이다. 따라서 시간에 쫓겨서 대충 대답을 하는 것은 바람직하지 못하다.

(3) 일관성 있게 대답한다

간혹 반복되는 문제들이 출제되기 때문에 일관성 있게 답하지 않으면 감점될 수 있으므로 유의한다. 실제로 공기업 인사부 직원의 인터뷰에 따르면 일관성이 없게 대답한 응시자들이 감점을 받아 탈락했다고 한다. 거짓된 응답을 하다보면 일관성 없는 결과가 나타날 수 있으므로 신속하고 솔직하게 체크하다 보면 일관성 있는 응답이 될 것이다.

(4) 마지막까지 집중해서 검사에 임한다

장시간 진행되는 검사에 지칠 수 있으므로 마지막까지 집중해서 정확히 답할 수 있도록 해야 한다.

02 인성검사의 종류

1 MBTI 16가지 성격유형

에너지 방향 (Energy)	E – 외향(Extraversion)	외부 세계의 사람이나 사물에 대하여 에너지를 사용한다.
	I – 내향(Introversion)	내부 세계의 개념이나 아이디어에 에너지를 사용한다.
인식기능 (Information)	S – 감각(Sensing)	오감을 통한 사실이나 사건을 더 잘 인식한다.
	N – 직관(iNtuition)	사실, 사건 이면의 의미나 관계, 가능성을 더 잘 인식한다.
판단기능 (Decision Making)	T – 사고(Thinking)	사고를 통한 논리적 근거를 바탕으로 판단한다.
	F – 감정(Feeling)	개인적, 사회적 가치를 바탕으로 한 감정을 근거로 판단한다.
생활양식 (Life Style)	J – 판단(Judging)	외부 세계에 대하여 빠르게 판단을 내리고 결정하려고 한다.
	P – 인식(Perception)	정보 자체에 관심이 많고 새로운 변화에 적응적이다.

Myers와 Briggs가 고안한 도표로, 생각이 많은 내향성은 도표의 위쪽 두 줄에, 적극적이고 활동적인 외향성은 도표의 아래쪽 두 줄에, 감각형은 도표의 왼쪽 두 줄에, 직관형은 도표의 오른쪽 두 줄에 배치하였고, 분석적이고 논리적인 사고형은 도표의 왼편과 오른편에 배치하고, 관계지향적인 감정형은 도표의 중앙에 배치시켰다. 정리정돈을 잘하는 판단형은 도표의 아래위로 배치하고, 개방적이며 때로는 즉흥적인 인식형은 도표의 가운데로 모아놓았다.

ISTJ(세상의 소금형)	ISFJ(임금 뒤편의 권력형)	INFJ(예언자형)	INTJ(과학자형)
ISTP(백과사전형)	ISFP(성인군자형)	INFP(잔다르크형)	INTP(아이디어뱅크형)
ESTP(수완좋은 활동가형)	ESFP(사교적인 유형)	ENFP(스파크형)	ENTP(발명가형)
ESTJ(사업가형)	ESFJ(친선도모형)	ENFJ(언변능숙형)	ENTJ(지도자형)

》 ISTJ

신중하고 조용하며 집중력이 강하고 매사에 철저하다. 구체적, 체계적, 사실적, 논리적, 현실적인 성격을 띠고 있으며, 신뢰할 만한다. 만사를 체계적으로 조직화시키려고 하며 책임감이 강하다. 성취해야 한다고 생각하는 일이면 주위의 시선에 아랑곳하지 않고 꾸준하고 건실하게 추진해 나간다.

>> ISFJ

조용하고 친근하고 책임감이 있으며 양심바르다. 맡은 일에 헌신적이며 어떤 계획의 추진이나 집단에 안정감을 준다. 매사에 철저하고 성실하고 정확하다. 기계분야에는 관심이 적다. 필요하면 세세한 면까지도 잘 처리해 나간다. 충실하고 동정심이 많고 타인의 감정에 민감하다.

>> INFJ

인내심이 많고 독창적이며 필요하거나 원하는 일이라면 끝까지 이루려고 한다. 자기 일에 최선의 노력을 다한다. 타인에게 말없이 영향력을 미치며, 양심이 바르고 다른 사람에게 따뜻한 관심을 가지고 있다. 확고부동한 원리원칙을 중시한다. 공동선을 위해서는 확신에 찬 신념을 가지고 있기 때문에 존경을 받으며 사람들이 따른다.

>> INTJ

대체로 독창적이며 자기 아이디어나 목표를 달성하는데 강한 추진력을 가지고 있다. 관심을 끄는 일이라면 남의 도움이 있든 없든 이를 계획하고 추진해 나가는 능력이 뛰어나다. 회의적, 비판적, 독립적이고 확고부동하며 때로는 고집스러울 때도 많다. 타인의 감정을 고려하고 타인의 관점에도 귀를 기울이는 법을 배워야 한다.

>> ISTP

차분한 방관자이다. 조용하고 과묵하며, 절제된 호기심을 가지고 인생을 관찰하고 분석한다. 때로는 예기치 않게 유머 감각을 나타내기도 한다. 대체로 인간관계에 관심이 없고, 기계가 어떻게 왜 작동하는지 흥미가 없다. 논리적인 원칙에 따라 사실을 조직화하기를 좋아한다.

>> ISFP

말없이 다정하고 친절하고 민감하며 자기 능력을 뽐내지 않고 겸손하다. 의견의 충돌을 피하고 자기 견해나 가치를 타인에게 강요하지 않는다. 남 앞에 서서 주도해 나가기 보다 충실히 따르는 편이다. 일하는 데에도 여유가 있다. 왜냐하면 목표를 달성하기 위해 안달복달하지 않고 현재를 즐기기 때문이다.

>> INFP

마음이 따뜻하고 조용하며 자신이 관계하는 일이나 사람에 대하여 책임감이 강하고 성실하다. 이해심이 많고 관대하며 자신이 지향하는 이상에 대하여 정열적인 신념을 가졌으며, 남을 지배하거나 좋은 인상을 주고자하는 경향이 거의 없다. 완벽주의적 경향과, 노동의 대가를 넘어서 자신이 하는 일에 흥미를 찾고자하는 경향이 있으며, 인간이해와 인간복지에 기여할 수 있는 일을 좋아한다.

>> INTP

조용하고 과묵하다. 특히 이론적 · 과학적 추구를 즐기며, 논리와 분석으로 문제를 해결하기를 좋아한다. 주로 자기 아이디어에 관심이 많으나, 사람들의 모임이나 잡담에는 관심이 없다. 관심의 종류가 뚜렷하므로 자기의 지적 호기심을 활용할 수 있는 분야에서 능력을 발휘할 수 있다.

>> ESTP

현실적인 문제해결에 능하다. 근심이 없고 어떤 일이든 즐길 줄 안다. 기계 다루는 일이나 운동을 좋아하고 친구사귀기를 좋아한다. 적응력이 강하고 관용적이며, 보수적인 가치관을 가지고 있다. 긴 설명을 싫어한다. 기계의 분해 또는 조립과 같은 실제적인 일을 다루는데 능하다.

>> ESFP

사교적이고 태평스럽고 수용적이고 친절하며, 만사를 즐기는 형이기 때문에 다른 사람들로 하여금 일에 재미를 느끼게 한다. 운동을 좋아하고 주위에 벌어지는 일에 관심이 많아 끼어들기 좋아한다. 추상적인 이론보다는 구체적인 사실을 잘 기억하는 편이다. 건전한 상식이나 사물 뿐 아니라 사람들을 대상으로 구체적인 능력이 요구되는 분야에서 능력을 발휘할 수 있다.

>> ENFP

따뜻하고 정열적이고 활기에 넘치며 재능이 많고 상상력이 풍부하다. 관심이 있는 일이라면 어떤 일이든지 척척해낸다. 어려운 일이라도 해결을 잘하며 항상 남을 도와줄 태세를 가지고 있다. 자기 능력을 과시한 나머지 미리 준비하기보다 즉흥적으로 덤비는 경우가 많다. 자기가 원하는 일이라면 어떠한 이유라도 갖다 붙이며 부단히 새로운 것을 찾아 나선다.

>> ENTP

민첩하고 독창적이고 안목이 넓으며 다방면에 재능이 많다. 새로운 일을 시도하고 추진하려는 의욕이 넘치며, 새로운 문제나 복잡한 문제를 해결하는 능력이 뛰어나며 달변이다. 그러나 일상적이고 세부적인 면은 간과하기 쉽다. 한 일에 관심을 가져도 부단히 새로운 것을 찾아나간다. 자기가 원하는 일이면 논리적인 이유를 찾아내는데 능하다.

>> ESTJ

구체적이고 현실적이고 사실적이며, 기업 또는 기계에 재능을 타고난다. 실용성이 없는 일에는 관심이 없으며 필요할 때 응용할 줄 안다. 활동을 조직화하고 주도해 나가기를 좋아한다. 타인의 감정이나 관점에 귀를 기울일 줄 알면 훌륭한 행정가가 될 수 있다.

〉〉 ESFJ

마음이 따뜻하고 이야기하기 좋아하고, 사람들에게 인기가 있고 양심 바르고 남을 돕는 데에 타고 난 기질이 있으며 집단에서도 능동적인 구성원이다. 조화를 중시하고 인화를 이루는데 능하다. 항상 남에게 잘 해주며, 격려나 칭찬을 들을 때 가장 신바람을 낸다. 사람들에게 직접적이고 가시적인 영향을 줄 수 있는 일에 가장 관심이 많다.

〉〉 ENFJ

주위에 민감하며 책임감이 강하다. 다른 사람들의 생각이나 의견을 중히 여기고, 다름 사람들의 감정에 맞추어 일을 처리하려고 한다. 편안하고 능란하게 계획을 내놓거나 집단을 이끌어 가는 능력이 있다. 사교성이 풍부하고 인기 있고 동정심이 많다. 남의 칭찬이나 비판에 지나치게 민감하게 반응한다.

〉〉 ENTJ

열성이 많고 솔직하고 단호하고 통솔력이 있다. 대중 연설과 같이 추리와 지적담화가 요구되는 일이라면 어떤 것이든 능하다. 보통 정보에 밝고 지식에 대한 관심과 욕구가 많다. 때로는 실제의 자신보다 더 긍정적이거나 자신 있는 듯한 사람으로 비칠 때도 있다.

2 DISC 행동유형

일반적으로 사람들은 태어나서부터 성장하여 현재에 이르기까지 자기 나름대로의 독특한 동기요인에 의해 선택적으로 일정한 방식으로 행동을 취하게 된다. 그것은 하나의 경향성을 이루게 되어 자신이 일하고 있거나 생활하고 있는 환경에서 아주 편안한 상태로 자연스럽게 그러한 행동을 하게 된다. 우리는 그것을 행동 패턴(Behavior Pattern) 또는 행동 스타일(Behavior Style)이라고 한다. 사람들이 이렇게 행동의 경향성을 보이는 것에 대해 1928년 미국 콜롬비아대학 심리학교수인 William Mouston Marston박사는 독자적인 행동유형모델을 만들어 설명하고 있다. Marston박사에 의하면 인간은 환경을 어떻게 인식하고 또한 그 환경 속에서 자기 개인의 힘을 어떻게 인식하느냐에 따라 4가지 형태로 행동을 하게 된다고 한다. 이러한 인식을 축으로 한 인간의 행동을 Marston박사는 각각 주도형, 사교형, 안정형, 신중형, 즉 DISC 행동유형으로 부르고 있다. DISC는 인간의 행동유형(성격)을 구성하는 핵심 4개요소인 Dominance, Influence, Steadiness, Conscientiousness의 약자로 다음과 같은 특징을 보인다.

Dominance(주도형) 담즙질	Influence(사교형) 다혈질
D 결과를 성취하기 위해 장애를 극복함으로써 스스로 환경을 조성한다.	I 다른 사람을 설득하거나 영향을 미침으로써 스스로 환경을 조성한다.
• 빠르게 결과를 얻는다. • 다른 사람의 행동을 유발시킨다. • 도전을 받아들인다. • 의사결정을 빠르게 내린다. • 기존의 상태에 문제를 제기한다. • 지도력을 발휘한다. • 어려운 문제를 처리한다. • 문제를 해결한다.	• 사람들과 접촉한다. • 호의적인 인상을 준다. • 말솜씨가 있다. • 다른 사람을 동기 유발시킨다. • 열정적이다. • 사람들을 즐겁게 한다. • 사람과 상황에 대해 낙관적이다. • 그룹활동을 좋아한다.
Conscientiousness(신중형) 우울질	Steadiness(안정형) 점액질
C 업무의 품질과 정확성을 높이기 위해 기존의 환경 안에서 신중하게 일한다.	S 과업을 수행하기 위해서 다른 사람과 협력을 한다.
• 중요한 지시나 기준에 관심을 둔다. • 세부사항에 신경을 쓴다. • 분석적으로 사고하고 찬반, 장단점 등을 고려한다. • 외교적 수완이 있다. • 갈등에 대해 간접적 혹은 우회적으로 접근한다. • 정확성을 점검한다. • 업무수행에 대해 비평적으로 분석한다.	• 예측가능하고 일관성 있게 일을 수행한다. • 참을성을 보인다. • 전문적인 기술을 개발한다. • 다른 사람을 돕고 지원한다. • 충성심을 보인다. • 남의 말을 잘 듣는다. • 흥분한 사람을 진정시킨다. • 안정되고, 조화로운 업무에 적합하다.

3 U-K 검사(Uchida - Kraepelin TEST ; 작업검사)

(1) 의의

UK검사란 Uchida Kraepelin 정신작업 검사로 일정한 조건 아래 단순한 작업을 시키고 나서 그 작업량의 패턴에서 인격을 파악하려고 하는 것이다. UK검사는 1~9까지의 숫자를 나열하고 앞과 뒤의 더한 수의 일의 자리 수를 기록하는 방법으로 진행된다. 예를 들어 1 2 3 4 5 6…이란 숫자의 나열이 있을 때 1 + 2 = 3이면 3을 1과 2 사이에 기록하고 5 + 6 = 11은 일의 자리 수, 즉 1을 5와 6 사이에 기록한다.

예
```
2 5 7 8 5 1 9 5 8 7 2 6 4 7 1
 7 2 5 3 6 0 4 3 5 9 8 0 1 8
```

각 행마다 1분이 주어지며 1분이 지나면 다음 행으로 넘어가는 방식으로 진행된다. 시험 시작 전에 2분간 연습이 주어지고 전반부 15분, 휴식 5분, 후반부 15분으로 진행된다. 시간은 시행하는 곳마다 다를 수 있고 결과의 판단은 각 행의 마지막 계산이 있던 곳에 작업량 곡선을 표기하고 오답을 검사한다고 한다.

(2) Kraepelin 작업 5요인설

Kraepelin은 연속 덧셈의 결과 곡선을 다음과 같은 5가지 요소에 의거해 진단하였다.

① **추동**(drive) : 처음 시작할 때 과도하게 진행하는 것을 의미한다. 도입부이므로 의욕도 높고 피로도도 적어서 작업량이 많다.

② **흥분**(excitement) : 흥분 정도에 따라서 곡선의 기복이 나타난다.

③ **경험**(experience) : 학습 효과로 인해 어떻게 하는 건지 익혔음이 곡선에 보인다.

④ **피로**(fatigue) : 시간이 갈수록 지치고 반복에 의해 집중력이 떨어지므로 작업량이 줄어든다.

⑤ **연습**(practice) : 횟수를 거듭할수록 익숙해져서 작업량이 증가한다. 후반부에는 연습과 피로 효과가 동시에 일어난다.

(3) UK검사로 측정되는 것

① **능력** : 일정 시간 동안 주어진 일을 수행할 수 있는 능력의 측정

② **흥미** : 일정 시간 동안 주어진 일에 대해 보이는 흥미의 정도(변덕스러움)를 측정

③ **성격** : 대상자가 나타내는 일관적인 기질을 확인

(4) 일반적인 작업 곡선

① 전반, 후반 모두 처음 1분의 작업량이 많다.

② 대체적으로 2분 이후 작업이 저하되었다가 다시 많아진다.

③ 대체적으로 전기보다 후기의 작업량이 많다(휴식효과).

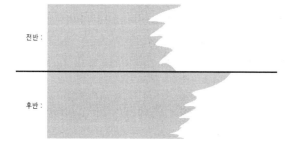

전반 :

후반 :

(5) 비정상인의 작업곡선

① **초두노력 부족** : 전반, 후반 모두 처음 1분간의 작업량이 눈에 띄게 높지 않다.

② **휴식효과 부족** : 중간에 5분 쉬었는데도 후반의 전체적인 작업량이 증가하지 않는다.

③ **작업량이 일정하지 않음** : 각 행 사이의 작업량이 많고 적음의 차가 극단적이다.

④ **긴장하지 않음** : 작업량이 월등히 적고 아래 행으로 갈수록 작업량이 계속 줄어든다.

⑤ **비정상자** : 오답이 너무 많다.

(6) 예시문제 1

① 전반부

```
5 7 8 4 2 3 6 1 8 9 7 2 1 7 8 9 5 7 8 5 1 8 4 5 6 9 2 3 8
2 8 6 2 4 3 2 4 8 1 9 4 6 5 3 2 1 4 8 4 3 7 1 8 2 5 2 5 8
4 2 5 8 9 1 7 5 3 6 4 8 9 5 2 3 4 1 2 4 9 1 8 2 4 6 1 2 3
2 8 9 5 7 2 6 5 2 7 5 1 6 8 5 4 6 1 2 7 4 5 2 8 6 8 7 5 7
1 3 3 6 1 8 9 7 2 1 3 7 8 5 7 8 4 2 7 5 8 2 3 4 7 1 2 1 5
3 2 4 1 5 9 4 2 2 7 5 4 6 9 1 8 2 4 7 6 7 8 1 2 8 9 5 9 5
5 9 5 4 7 5 3 2 7 1 4 6 4 7 8 4 9 1 5 3 2 4 5 8 5 2 1 3 2
4 4 3 9 5 3 1 1 2 7 8 2 5 8 3 9 4 6 7 5 1 2 8 9 7 3 5 8 4
2 8 5 6 7 1 5 5 3 7 4 7 8 5 9 1 2 6 2 9 6 2 5 6 6 7 4 1 5
1 5 8 3 7 2 4 3 7 4 5 6 9 8 7 1 2 3 5 4 6 8 8 5 3 1 3 1 2
2 3 8 4 6 7 9 5 2 9 5 1 3 7 4 5 1 7 8 5 9 8 2 3 4 1 5 5 7
2 5 5 7 4 9 5 9 5 2 3 5 6 4 6 7 4 6 9 8 5 2 5 3 1 5 6 7 9
```

② 후반부

```
5 7 8 5 1 8 4 5 6 9 2 3 8 2 8 6 2 4 3 2 4 8 1 9 4 6 5 3 5
6 7 9 5 2 9 5 1 3 7 4 5 1 7 8 5 9 4 2 5 8 9 1 7 5 3 6 2 4
2 1 4 8 4 3 7 1 8 2 5 2 4 8 4 3 7 4 5 6 9 8 7 1 2 3 5 4 1
9 5 2 3 4 1 2 4 9 1 8 2 4 6 1 2 3 2 1 6 4 6 7 4 6 3 6 1 9
8 9 7 2 1 7 8 9 5 7 8 8 5 4 6 1 2 7 4 5 2 8 6 8 7 5 7 5 8
1 5 5 3 7 4 7 8 5 9 1 1 5 8 6 1 3 7 1 2 1 5 2 4 1 5 5 3
9 4 2 2 7 5 4 6 9 1 8 2 4 7 6 7 8 1 2 8 9 5 9 5 6 8 4 3 1
3 5 6 1 8 9 7 5 8 2 3 4 5 9 5 4 7 5 3 2 7 1 4 6 4 7 8 4 6
1 9 1 5 3 2 4 5 8 5 2 1 3 2 4 4 3 9 5 3 1 1 4 2 5 5 7 4 8
2 9 5 9 5 2 2 7 8 2 5 8 3 9 4 6 7 5 1 2 8 9 7 3 5 8 4 6 5
2 8 5 6 7 2 9 6 2 5 6 6 7 4 1 5 2 9 8 5 2 5 3 1 5 8 3 7 2
3 6 8 8 5 3 1 3 1 2 2 1 3 7 8 5 7 8 4 2 7 2 3 8 4 8 2 3 1
```

(7) 예시문제 2

① 전반부

```
8 5 6 7 5 9 4 2 8 6 3 4 8 7 5 6 1 2 7 1 5 7 8 9 1 5 2 3 4
1 2 3 4 1 5 9 7 3 1 3 0 1 7 3 8 9 1 7 3 7 5 2 4 6 1 3 5 1
2 5 8 7 6 3 4 9 7 8 5 1 1 7 9 2 2 3 8 9 4 5 7 2 3 9 1 4 8
1 2 2 3 2 4 3 4 8 8 6 5 5 6 1 2 7 3 9 4 8 5 6 7 4 2 3 8 6
1 2 3 6 7 2 8 4 1 6 8 9 0 7 6 0 7 9 1 3 4 6 6 5 1 0 9 7 2
6 3 3 7 1 2 1 5 8 2 5 2 4 8 5 1 8 3 4 0 8 7 9 1 2 4 5 5 7
3 2 5 8 9 1 3 7 5 2 0 7 4 7 8 1 0 3 7 6 4 8 7 9 1 7 2 0 4
6 5 3 1 3 1 2 2 1 3 7 8 6 1 5 0 7 6 1 3 0 7 1 5 1 3 0 7 6
6 9 7 8 7 0 1 2 3 6 4 5 7 0 7 8 9 1 2 5 3 4 7 6 2 8 8 3 1
4 0 9 7 0 2 7 3 1 9 7 8 6 1 8 7 3 5 1 6 2 5 0 4 5 6 0 5 6
3 7 8 9 5 7 2 0 9 7 1 1 5 6 5 8 2 1 5 2 4 1 5 5 3 5 5 0 7
8 6 0 7 3 7 5 1 3 6 9 7 0 9 8 1 3 5 7 2 8 6 4 1 8 3 5 7 0
```

② 후반부

```
2 9 5 9 5 2 2 7 1 2 8 9 7 3 5 8 4 6 5 5 9 5 9 5 2 3 4 6 1
2 3 2 1 6 4 6 7 4 6 3 6 1 9 2 4 3 2 4 8 1 9 4 6 5 3 5 5 2
5 3 1 5 8 3 7 2 9 6 1 2 7 4 5 2 8 6 8 7 5 7 5 8 4 1 2 4 9
1 8 2 1 5 5 3 7 4 7 8 5 9 1 1 3 3 6 8 8 5 3 1 3 1 2 2 1 0
3 7 8 5 7 8 4 2 7 2 3 8 4 8 2 3 1 4 5 8 3 1 1 4 2 5 5 7 8
4 8 5 7 8 5 1 8 4 5 6 9 2 3 8 2 8 6 2 9 5 1 3 7 4 5 1 7 7
1 8 2 5 2 4 8 4 3 7 4 5 6 9 8 7 1 2 3 5 4 7 2 1 1 9 1 5 3
5 8 6 1 3 3 7 1 2 1 5 2 4 1 5 5 3 9 4 2 2 7 5 4 6 9 1 8 5
2 4 7 6 8 4 8 1 8 5 9 4 2 5 8 9 1 2 8 5 6 7 2 9 6 2 5 6 6
7 4 1 5 2 9 8 4 5 2 1 3 2 4 4 3 9 5 6 7 8 8 2 5 8 3 9 4 8
6 7 5 1 2 8 9 3 5 6 1 8 9 7 5 8 2 3 4 5 9 5 4 7 5 3 2 7 1
1 4 6 4 7 8 4 6 7 8 9 5 7 8 8 5 6 7 9 5 7 5 3 6 2 2 4 5 7
```

▋1~350 ▋ 다음 (   ) 안에 당신에게 적합하다면 YES, 그렇지 않다면 NO를 선택하시오(인성검사는 응시자의 인성을 파악하기 위한 자료이므로 정답이 존재하지 않습니다).

YES　NO

1. 조금이라도 나쁜 소식은 절망의 시작이라고 생각해버린다. ……………………………(　　)(　　)
2. 언제나 실패가 걱정이 되어 어쩔 줄 모른다. ………………………………………………(　　)(　　)
3. 다수결의 의견에 따르는 편이다. …………………………………………………………(　　)(　　)
4. 혼자서 커피숍에 들어가는 것은 전혀 두려운 일이 아니다. ……………………………(　　)(　　)
5. 승부근성이 강하다. …………………………………………………………………………(　　)(　　)
6. 자주 흥분해서 침착하지 못하다. …………………………………………………………(　　)(　　)
7. 지금까지 살면서 타인에게 폐를 끼친 적이 없다. ………………………………………(　　)(　　)
8. 소곤소곤 이야기하는 것을 보면 자기에 대해 험담하고 있는 것으로 생각된다. ………(　　)(　　)
9. 무엇이든지 자기가 나쁘다고 생각하는 편이다. …………………………………………(　　)(　　)
10. 자신을 변덕스러운 사람이라고 생각한다. ………………………………………………(　　)(　　)
11. 고독을 즐기는 편이다. ……………………………………………………………………(　　)(　　)
12. 자존심이 강하다고 생각한다. ……………………………………………………………(　　)(　　)
13. 금방 흥분하는 성격이다. …………………………………………………………………(　　)(　　)
14. 거짓말을 한 적이 없다. ……………………………………………………………………(　　)(　　)
15. 신경질적인 편이다. …………………………………………………………………………(　　)(　　)
16. 끙끙대며 고민하는 타입이다. ……………………………………………………………(　　)(　　)
17. 감정적인 사람이라고 생각한다. …………………………………………………………(　　)(　　)
18. 자신만의 신념을 가지고 있다. ……………………………………………………………(　　)(　　)
19. 다른 사람을 바보 같다고 생각한 적이 있다. ……………………………………………(　　)(　　)
20. 금방 말해버리는 편이다. …………………………………………………………………(　　)(　　)
21. 싫어하는 사람이 없다. ……………………………………………………………………(　　)(　　)
22. 대재앙이 오지 않을까 항상 걱정을 한다. ………………………………………………(　　)(　　)

23. 쓸데없는 고생을 하는 일이 많다. ·····························( )( )

24. 자주 생각이 바뀌는 편이다. ·······························( )( )

25. 문제점을 해결하기 위해 여러 사람과 상의한다. ·················( )( )

26. 내 방식대로 일을 한다. ·································( )( )

27. 영화를 보고 운 적이 많다. ······························( )( )

28. 어떤 것에 대해서도 화낸 적이 없다. ·······················( )( )

29. 사소한 충고에도 걱정을 한다. ···························( )( )

30. 자신은 도움이 안 되는 사람이라고 생각한다. ·················( )( )

31. 금방 싫증을 내는 편이다. ······························( )( )

32. 개성적인 사람이라고 생각한다. ··························( )( )

33. 자기주장이 강한 편이다. ·······························( )( )

34. 뒤숭숭하다는 말을 들은 적이 있다. ·······················( )( )

35. 학교를 쉬고 싶다고 생각한 적이 한 번도 없다. ···············( )( )

36. 사람들과 관계 맺는 것을 잘하지 못한다. ··················( )( )

37. 사려 깊은 편이다. ··································( )( )

38. 몸을 움직이는 것을 좋아한다. ···························( )( )

39. 끈기가 있는 편이다. ································( )( )

40. 신중한 편이라고 생각한다. ·····························( )( )

41. 인생의 목표는 큰 것이 좋다. ···························( )( )

42. 어떤 일이라도 바로 시작하는 타입이다. ···················( )( )

43. 낯가림을 하는 편이다. ·······························( )( )

44. 생각하고 나서 행동하는 편이다. ·························( )( )

45. 쉬는 날은 밖으로 나가는 경우가 많다. ···················( )( )

46. 시작한 일은 반드시 완성시킨다. ·························( )( )

47. 면밀한 계획을 세운 여행을 좋아한다. ····················( )( )

48. 야망이 있는 편이라고 생각한다. ·························( )( )

YES NO

49. 활동력이 있는 편이다. ·· (　)(　)

50. 많은 사람들과 왁자지껄하게 식사하는 것을 좋아하지 않는다. ···················· (　)(　)

51. 돈을 허비한 적이 없다. ··· (　)(　)

52. 어릴적에 운동회를 아주 좋아하고 기대했다. ································· (　)(　)

53. 하나의 취미에 열중하는 타입이다. ··· (　)(　)

54. 모임에서 리더에 어울린다고 생각한다. ······································ (　)(　)

55. 입신출세의 성공이야기를 좋아한다. ·· (　)(　)

56. 어떠한 일도 의욕을 가지고 임하는 편이다. ·································· (　)(　)

57. 학급에서는 존재가 희미했다. ·· (　)(　)

58. 항상 무언가를 생각하고 있다. ··· (　)(　)

59. 스포츠는 보는 것보다 하는 게 좋다. ·· (　)(　)

60. '참 잘했네요'라는 말을 자주 듣는다. ·· (　)(　)

61. 흐린 날은 반드시 우산을 가지고 간다. ······································ (　)(　)

62. 주연상을 받을 수 있는 배우를 좋아한다. ···································· (　)(　)

63. 공격하는 타입이라고 생각한다. ·· (　)(　)

64. 리드를 받는 편이다. ··· (　)(　)

65. 너무 신중해서 기회를 놓친 적이 있다. ······································ (　)(　)

66. 시원시원하게 움직이는 타입이다. ·· (　)(　)

67. 야근을 해서라도 업무를 끝낸다. ··· (　)(　)

68. 누군가를 방문할 때는 반드시 사전에 확인한다. ······························ (　)(　)

69. 노력해도 결과가 따르지 않으면 의미가 없다. ································· (　)(　)

70. 무조건 행동해야 한다. ··· (　)(　)

71. 유행에 둔감하다고 생각한다. ·· (　)(　)

72. 정해진 대로 움직이는 것은 시시하다. ·· (　)(　)

73. 꿈을 계속 가지고 있고 싶다. ·· (　)(　)

74. 질서보다 자유를 중요시하는 편이다. ··· (　)(　)

75. 혼자서 취미에 몰두하는 것을 좋아한다. ……………………………………… (　)(　)

76. 직관적으로 판단하는 편이다. ……………………………………………………… (　)(　)

77. 영화나 드라마를 보면 등장인물의 감정에 이입된다. …………………… (　)(　)

78. 시대의 흐름에 역행해서라도 자신을 관철하고 싶다. …………………… (　)(　)

79. 다른 사람의 소문에 관심이 없다. ……………………………………………… (　)(　)

80. 창조적인 편이다. ……………………………………………………………………… (　)(　)

81. 비교적 눈물이 많은 편이다. ……………………………………………………… (　)(　)

82. 융통성이 있다고 생각한다. ………………………………………………………… (　)(　)

83. 친구의 휴대전화 번호를 잘 모른다. …………………………………………… (　)(　)

84. 스스로 고안하는 것을 좋아한다. ……………………………………………… (　)(　)

85. 정이 두터운 사람으로 남고 싶다. ……………………………………………… (　)(　)

86. 조직의 일원으로 별로 안 어울린다. …………………………………………… (　)(　)

87. 세상의 일에 별로 관심이 없다. ………………………………………………… (　)(　)

88. 변화를 추구하는 편이다. …………………………………………………………… (　)(　)

89. 업무는 인간관계로 선택한다. …………………………………………………… (　)(　)

90. 환경이 변하는 것에 구애되지 않는다. ………………………………………… (　)(　)

91. 불안감이 강한 편이다. ……………………………………………………………… (　)(　)

92. 인생은 살 가치가 없다고 생각한다. …………………………………………… (　)(　)

93. 의지가 약한 편이다. ………………………………………………………………… (　)(　)

94. 다른 사람이 하는 일에 별로 관심이 없다. ………………………………… (　)(　)

95. 사람을 설득시키는 것은 어렵지 않다. ……………………………………… (　)(　)

96. 심심한 것을 못 참는다. ……………………………………………………………… (　)(　)

97. 다른 사람을 욕한 적이 한 번도 없다. ……………………………………… (　)(　)

98. 다른 사람에게 어떻게 보일지 신경을 쓴다. ………………………………… (　)(　)

99. 금방 낙심하는 편이다. ……………………………………………………………… (　)(　)

100. 다른 사람에게 의존하는 경향이 있다. ……………………………………… (　)(　)

101. 그다지 융통성이 있는 편이 아니다. ·· (　)(　)

102. 다른 사람이 내 의견에 간섭하는 것이 싫다. ····························· (　)(　)

103. 낙천적인 편이다. ·· (　)(　)

104. 숙제를 잊어버린 적이 한 번도 없다. ··· (　)(　)

105. 밤길에는 발소리가 들리기만 해도 불안하다. ······························ (　)(　)

106. 상냥하다는 말을 들은 적이 있다. ··· (　)(　)

107. 자신은 유치한 사람이다. ··· (　)(　)

108. 잡담을 하는 것보다 책을 읽는 것이 낫다. ·································· (　)(　)

109. 나는 영업에 적합한 타입이라고 생각한다. ·································· (　)(　)

110. 술자리에서 술을 마시지 않아도 흥을 돋울 수 있다. ···················· (　)(　)

111. 한 번도 병원에 간 적이 없다. ··· (　)(　)

112. 나쁜 일은 걱정이 되어서 어쩔 줄을 모른다. ······························ (　)(　)

113. 금세 무기력해지는 편이다. ··· (　)(　)

114. 비교적 고분고분한 편이라고 생각한다. ······································ (　)(　)

115. 독자적으로 행동하는 편이다. ·· (　)(　)

116. 적극적으로 행동하는 편이다. ·· (　)(　)

117. 금방 감격하는 편이다. ·· (　)(　)

118. 어떤 것에 대해서는 불만을 가진 적이 없다. ······························ (　)(　)

119. 밤에 못 잘 때가 많다. ··· (　)(　)

120. 자주 후회하는 편이다. ·· (　)(　)

121. 뜨거워지기 쉽고 식기 쉽다. ·· (　)(　)

122. 자신만의 세계를 가지고 있다. ·· (　)(　)

123. 많은 사람 앞에서도 긴장하는 일은 없다. ·································· (　)(　)

124. 말하는 것을 아주 좋아한다. ··· (　)(　)

125. 인생을 포기하는 마음을 가진 적이 한 번도 없다. ······················ (　)(　)

126. 어두운 성격이다. ··· (　)(　)

127. 금방 반성한다. ··· (   )(   )

128. 활동범위가 넓은 편이다. ··· (   )(   )

129. 자신을 끈기 있는 사람이라고 생각한다. ···················· (   )(   )

130. 좋다고 생각하더라도 좀 더 검토하고 나서 실행한다. ···· (   )(   )

131. 위대한 인물이 되고 싶다. ··· (   )(   )

132. 한 번에 많은 일을 떠맡아도 힘들지 않다. ·················· (   )(   )

133. 사람과 만날 약속은 부담스럽다. ······························· (   )(   )

134. 질문을 받으면 충분히 생각하고 나서 대답하는 편이다. ·· (   )(   )

135. 머리를 쓰는 것보다 땀을 흘리는 일이 좋다. ··············· (   )(   )

136. 결정한 것에는 철저히 구속받는다. ···························· (   )(   )

137. 외출 시 문을 잠갔는지 몇 번을 확인한다. ·················· (   )(   )

138. 이왕 할 거라면 일등이 되고 싶다. ····························· (   )(   )

139. 과감하게 도전하는 타입이다. ····································· (   )(   )

140. 자신은 사교적이 아니라고 생각한다. ·························· (   )(   )

141. 무심코 도리에 대해서 말하고 싶어진다. ····················· (   )(   )

142. '항상 건강하네요'라는 말을 듣는다. ··························· (   )(   )

143. 단념하면 끝이라고 생각한다. ····································· (   )(   )

144. 예상하지 못한 일은 하고 싶지 않다. ·························· (   )(   )

145. 파란만장하더라도 성공하는 인생을 걷고 싶다. ············ (   )(   )

146. 활기찬 편이라고 생각한다. ··· (   )(   )

147. 소극적인 편이라고 생각한다. ····································· (   )(   )

148. 무심코 평론가가 되어 버린다. ···································· (   )(   )

149. 자신은 성급하다고 생각한다. ····································· (   )(   )

150. 꾸준히 노력하는 타입이라고 생각한다. ······················ (   )(   )

151. 내일의 계획이라도 메모한다. ····································· (   )(   )

152. 리더십이 있는 사람이 되고 싶다. ····························· (   )(   )

153. 열정적인 사람이라고 생각한다. ··· (　)(　)

154. 다른 사람 앞에서 이야기를 잘 하지 못한다. ·· (　)(　)

155. 통찰력이 있는 편이다. ·· (　)(　)

156. 엉덩이가 가벼운 편이다. ··· (　)(　)

157. 여러 가지로 구애됨이 있다. ·· (　)(　)

158. 돌다리도 두들겨 보고 건너는 쪽이 좋다. ·· (　)(　)

159. 자신에게는 권력욕이 있다. ··· (　)(　)

160. 업무를 할당받으면 기쁘다. ··· (　)(　)

161. 사색적인 사람이라고 생각한다. ·· (　)(　)

162. 비교적 개혁적이다. ·· (　)(　)

163. 좋고 싫음으로 정할 때가 많다. ··· (　)(　)

164. 전통에 구애되는 것은 버리는 것이 적절하다. ··· (　)(　)

165. 교제 범위가 좁은 편이다. ·· (　)(　)

166. 발상의 전환을 할 수 있는 타입이라고 생각한다. ······································ (　)(　)

167. 너무 주관적이어서 실패한다. ··· (　)(　)

168. 현실적이고 실용적인 면을 추구한다. ··· (　)(　)

169. 내가 어떤 배우의 팬인지 아무도 모른다. ··· (　)(　)

170. 현실보다 가능성이다. ·· (　)(　)

171. 마음이 담겨 있으면 선물은 아무 것이나 좋다. ··· (　)(　)

172. 여행은 마음대로 하는 것이 좋다. ·· (　)(　)

173. 추상적인 일에 관심이 있는 편이다. ·· (　)(　)

174. 일은 대담히 하는 편이다. ·· (　)(　)

175. 괴로워하는 사람을 보면 우선 동정한다. ··· (　)(　)

176. 가치기준은 자신의 안에 있다고 생각한다. ··· (　)(　)

177. 조용하고 조심스러운 편이다. ··· (　)(　)

178. 상상력이 풍부한 편이라고 생각한다. ··· (　)(　)

179. 의리, 인정이 두터운 상사를 만나고 싶다. ···(   )(   )

180. 인생의 앞날을 알 수 없어 재미있다. ···(   )(   )

181. 밝은 성격이다. ··(   )(   )

182. 별로 반성하지 않는다. ··(   )(   )

183. 활동범위가 좁은 편이다. ···(   )(   )

184. 자신을 시원시원한 사람이라고 생각한다. ···(   )(   )

185. 좋다고 생각하면 바로 행동한다. ··(   )(   )

186. 좋은 사람이 되고 싶다. ··(   )(   )

187. 한 번에 많은 일을 떠맡는 것은 골칫거리라고 생각한다. ···········(   )(   )

188. 사람과 만날 약속은 즐겁다. ··(   )(   )

189. 질문을 받으면 그때의 느낌으로 대답하는 편이다. ···················(   )(   )

190. 땀을 흘리는 것보다 머리를 쓰는 일이 좋다. ····························(   )(   )

191. 결정한 것이라도 그다지 구속받지 않는다. ·······························(   )(   )

192. 외출 시 문을 잠갔는지 별로 확인하지 않는다. ························(   )(   )

193. 지위에 어울리면 된다. ···(   )(   )

194. 안전책을 고르는 타입이다. ···(   )(   )

195. 자신은 사교적이라고 생각한다. ··(   )(   )

196. 도리는 상관없다. ···(   )(   )

197. '침착하시네요'라는 말을 자주 듣는다. ·······································(   )(   )

198. 단념이 중요하다고 생각한다. ··(   )(   )

199. 예상하지 못한 일도 해보고 싶다. ···(   )(   )

200. 평범하고 평온하게 행복한 인생을 살고 싶다. ·························(   )(   )

201. 몹시 귀찮아하는 편이라고 생각한다. ··(   )(   )

202. 특별히 소극적이라고 생각하지 않는다. ···(   )(   )

203. 이것저것 평하는 것이 싫다. ··(   )(   )

204. 자신은 성급하지 않다고 생각한다. ···(   )(   )

205. 꾸준히 노력하는 것을 잘 하지 못한다. ·· (   )(   )

206. 내일의 계획은 머릿속에 기억한다. ··· (   )(   )

207. 협동성이 있는 사람이 되고 싶다. ·· (   )(   )

208. 열정적인 사람이라고 생각하지 않는다. ··· (   )(   )

209. 다른 사람 앞에서 이야기를 잘한다. ··· (   )(   )

210. 행동력이 있는 편이다. ··· (   )(   )

211. 엉덩이가 무거운 편이다. ··· (   )(   )

212. 특별히 구애받는 것이 없다. ·· (   )(   )

213. 돌다리는 두들겨 보지 않고 건너도 된다. ··· (   )(   )

214. 자신에게는 권력욕이 없다. ··· (   )(   )

215. 업무를 할당받으면 부담스럽다. ··· (   )(   )

216. 활동적인 사람이라고 생각한다. ··· (   )(   )

217. 비교적 보수적이다. ·· (   )(   )

218. 손해인지 이익인지로 정할 때가 많다. ··· (   )(   )

219. 전통을 견실히 지키는 것이 적절하다. ··· (   )(   )

220. 교제 범위가 넓은 편이다. ··· (   )(   )

221. 상식적인 판단을 할 수 있는 타입이라고 생각한다. ······························ (   )(   )

222. 너무 객관적이어서 실패한다. ·· (   )(   )

223. 보수적인 면을 추구한다. ··· (   )(   )

224. 내가 누구의 팬인지 주변의 사람들이 안다. ··· (   )(   )

225. 가능성보다 현실이다. ·· (   )(   )

226. 그 사람이 필요한 것을 선물하고 싶다. ·· (   )(   )

227. 여행은 계획적으로 하는 것이 좋다. ··· (   )(   )

228. 구체적인 일에 관심이 있는 편이다. ··· (   )(   )

229. 일은 착실히 하는 편이다. ··· (   )(   )

230. 괴로워하는 사람을 보면 우선 이유를 생각한다. ··································· (   )(   )

YES NO

231. 가치기준은 자신의 밖에 있다고 생각한다. ·······························( )( )

232. 밝고 개방적인 편이다. ··( )( )

233. 현실 인식을 잘하는 편이라고 생각한다. ·····························( )( )

234. 공평하고 공적인 상사를 만나고 싶다. ·································( )( )

235. 시시해도 계획적인 인생이 좋다. ··( )( )

236. 적극적으로 사람들과 관계를 맺는 편이다. ·························( )( )

237. 활동적인 편이다. ··( )( )

238. 몸을 움직이는 것을 좋아하지 않는다. ·······························( )( )

239. 쉽게 질리는 편이다. ··( )( )

240. 경솔한 편이라고 생각한다. ··( )( )

241. 인생의 목표는 손이 닿을 정도면 된다. ·······························( )( )

242. 무슨 일도 좀처럼 시작하지 못한다. ···································( )( )

243. 초면인 사람과도 바로 친해질 수 있다. ······························( )( )

244. 행동하고 나서 생각하는 편이다. ··( )( )

245. 쉬는 날은 집에 있는 경우가 많다. ····································( )( )

246. 완성되기 전에 포기하는 경우가 많다. ·······························( )( )

247. 계획 없는 여행을 좋아한다. ···( )( )

248. 욕심이 없는 편이라고 생각한다. ··( )( )

249. 활동력이 별로 없다. ··( )( )

250. 많은 사람들과 왁자지껄하게 식사하는 것을 좋아한다. ·········( )( )

251. 이유 없이 불안할 때가 있다. ···( )( )

252. 주위 사람의 의견을 생각해서 발언을 자제할 때가 있다. ·······( )( )

253. 자존심이 강한 편이다. ··( )( )

254. 생각 없이 함부로 말하는 경우가 많다. ······························( )( )

255. 정리가 되지 않은 방에 있으면 불안하다. ···························( )( )

256. 거짓말을 한 적이 한 번도 없다. ··( )( )

257. 슬픈 영화나 TV를 보면 자주 운다. ································ ( )( )

258. 자신을 충분히 신뢰할 수 있다고 생각한다. ························ ( )( )

259. 노래방을 아주 좋아한다. ································ ( )( )

260. 자신만이 할 수 있는 일을 하고 싶다. ························ ( )( )

261. 자신을 과소평가하는 경향이 있다. ························ ( )( )

262. 책상 위나 서랍 안은 항상 깔끔히 정리한다. ························ ( )( )

263. 건성으로 일을 할 때가 자주 있다. ························ ( )( )

264. 남의 험담을 한 적이 없다. ································ ( )( )

265. 쉽게 화를 낸다는 말을 듣는다. ························ ( )( )

266. 초초하면 손을 떨고, 심장박동이 빨라진다. ························ ( )( )

267. 토론하여 진 적이 한 번도 없다. ························ ( )( )

268. 덩달아 떠든다고 생각할 때가 자주 있다. ························ ( )( )

269. 아첨에 넘어가기 쉬운 편이다. ························ ( )( )

270. 주변 사람이 자기 험담을 하고 있다고 생각할 때가 있다. ·········· ( )( )

271. 이론만 내세우는 사람과 대화하면 짜증이 난다. ·················· ( )( )

272. 상처를 주는 것도, 받는 것도 싫다. ························ ( )( )

273. 매일 그날을 반성한다. ································ ( )( )

274. 주변 사람이 피곤해 하여도 자신은 원기왕성하다. ················ ( )( )

275. 친구를 재미있게 하는 것을 좋아한다. ························ ( )( )

276. 아침부터 아무것도 하고 싶지 않을 때가 있다. ·················· ( )( )

277. 지각을 하면 학교를 결석하고 싶어졌다. ························ ( )( )

278. 이 세상에 없는 세계가 존재한다고 생각한다. ·················· ( )( )

279. 하기 싫은 것을 하고 있으면 무심코 불만을 말한다. ·············· ( )( )

280. 투지를 드러내는 경향이 있다. ························ ( )( )

281. 뜨거워지기 쉽고 식기 쉬운 성격이다. ························ ( )( )

282. 어떤 일이라도 헤쳐 나가는데 자신이 있다. ···················· ( )( )

283. 착한 사람이라는 말을 들을 때가 많다. ····························( )( )

284. 자신을 다른 사람보다 뛰어나다고 생각한다. ····················( )( )

285. 개성적인 사람이라는 말을 자주 듣는다. ·······················( )( )

286. 누구와도 편하게 대화할 수 있다. ····························( )( )

287. 특정 인물이나 집단에서라면 가볍게 대화할 수 있다. ··········( )( )

288. 사물에 대해 깊이 생각하는 경향이 있다. ·····················( )( )

289. 스트레스를 해소하기 위해 집에서 조용히 지낸다. ············( )( )

290. 계획을 세워서 행동하는 것을 좋아한다. ·····················( )( )

291. 현실적인 편이다. ···( )( )

292. 주변의 일을 성급하게 해결한다. ····························( )( )

293. 이성적인 사람이 되고 싶다고 생각한다. ·····················( )( )

294. 생각한 일을 행동으로 옮기지 않으면 기분이 찜찜하다. ········( )( )

295. 생각했다고 해서 꼭 행동으로 옮기는 것은 아니다. ···········( )( )

296. 목표 달성을 위해서는 온갖 노력을 다한다. ··················( )( )

297. 적은 친구랑 깊게 사귀는 편이다. ····························( )( )

298. 경쟁에서 절대로 지고 싶지 않다. ····························( )( )

299. 내일해도 되는 일을 오늘 안에 끝내는 편이다. ···············( )( )

300. 새로운 친구를 곧 사귈 수 있다. ····························( )( )

301. 문장은 미리 내용을 결정하고 나서 쓴다. ·····················( )( )

302. 사려 깊은 사람이라는 말을 듣는 편이다. ·····················( )( )

303. 활발한 사람이라는 말을 듣는 편이다. ························( )( )

304. 기회가 있으면 꼭 얻는 편이다. ······························( )( )

305. 외출이나 초면의 사람을 만나는 일은 잘 하지 못한다. ·········( )( )

306. 단념하는 것은 있을 수 없다. ································( )( )

307. 위험성을 무릅쓰면서 성공하고 싶다고 생각하지 않는다. ·······( )( )

308. 학창시절 체육수업을 좋아했다. ······························( )( )

309. 휴일에는 집 안에서 편안하게 있을 때가 많다. ·· (   )(   )

310. 무슨 일도 결과가 중요하다. ·· (   )(   )

311. 성격이 유연하게 대응하는 편이다. ·· (   )(   )

312. 더 높은 능력이 요구되는 일을 하고 싶다. ·· (   )(   )

313. 자기 능력의 범위 내에서 정확히 일을 하고 싶다. ······························ (   )(   )

314. 새로운 사람을 만날 때는 두근거린다. ·· (   )(   )

315. '누군가 도와주지 않을까'라고 생각하는 편이다. ································ (   )(   )

316. 건강하고 활발한 사람을 동경한다. ·· (   )(   )

317. 친구가 적은 편이다. ·· (   )(   )

318. 문장을 쓰면서 생각한다. ·· (   )(   )

319. 정해진 친구만 교제한다. ·· (   )(   )

320. 한 우물만 파고 싶다. ·· (   )(   )

321. 여러가지 일을 경험하고 싶다. ·· (   )(   )

322. 스트레스를 해소하기 위해 몸을 움직인다. ·· (   )(   )

323. 사물에 대해 가볍게 생각하는 경향이 있다. ······································ (   )(   )

324. 기한이 정해진 일은 무슨 일이 있어도 끝낸다. ·································· (   )(   )

325. 결론이 나도 여러 번 생각을 하는 편이다. ·· (   )(   )

326. 일단 무엇이든지 도전하는 편이다. ·· (   )(   )

327. 쉬는 날은 외출하고 싶다. ·· (   )(   )

328. 사교성이 있는 편이라고 생각한다. ·· (   )(   )

329. 남의 앞에 나서는 것을 잘 하지 못하는 편이다. ································ (   )(   )

330. 모르는 것이 있어도 행동하면서 생각한다. ·· (   )(   )

331. 납득이 안되면 행동이 안 된다. ·· (   )(   )

332. 약속시간에 여유를 가지고 약간 빨리 나가는 편이다. ·························· (   )(   )

333. 현실적이다. ·· (   )(   )

334. 끝까지 해내는 편이다. ·· (   )(   )

335. 유연히 대응하는 편이다. ··· ( )( )

336. 휴일에는 운동 등으로 몸을 움직일 때가 많다. ····························· ( )( )

337. 학창시절 체육수업을 못했다. ··· ( )( )

338. 성공을 위해서는 어느 정도의 위험성을 감수한다. ························ ( )( )

339. 단념하는 것이 필요할 때도 있다. ··· ( )( )

340. '내가 안하면 누가 할것인가'라고 생각하는 편이다. ······················ ( )( )

341. 새로운 사람을 만날 때는 용기가 필요하다. ······························ ( )( )

342. 친구가 많은 편이다. ··· ( )( )

343. 차분하고 사려깊은 사람을 동경한다. ····································· ( )( )

344. 결론이 나면 신속히 행동으로 옮겨진다. ·································· ( )( )

345. 기한 내에 끝내지 못하는 일이 있다. ····································· ( )( )

346. 이유없이 불안할 때가 있다. ··· ( )( )

347. 주위 사람의 의견을 생각해서 발언을 자제할 때가 있다. ················· ( )( )

348. 자존심이 강한 편이다. ·· ( )( )

349. 생각없이 함부로 말하는 경우가 많다. ···································· ( )( )

350. 정리가 되지 않은 방에 있으면 불안하다. ································· ( )( )

PART

IV

면접

01 면접의 기본

1 면접 준비

(1) 복장

면접에서는 무엇보다 첫인상이 중요하므로 지나치게 화려하거나 개성이 강한 스타일은 피하고 단정한 이미지를 심어주도록 한다. 면접시 복장은 지원하는 기업의 사풍이나 지원 분야에 따라 달라질 수 있으므로 미리 가서 성향을 파악하는 것도 도움이 된다.

① 남성

   ⊙ **양복** : 단색으로 하여 넥타이나 셔츠로 포인트를 주는 것이 효과적이며 색상은 감청색이 가장 품위 있어 보인다.

   ⓒ **셔츠** : 흰색을 가장 선호하나 자신의 피부색에 맞추는 것이 좋고, 푸른색이나 베이지색은 산뜻한 느낌을 준다.

   ⓒ **넥타이** : 남성이 복장에서 가장 포인트를 줄 수 있는 것으로 색과 폭까지 함께 고려하여 뚱뚱한 사람이 폭이 가는 넥타이를 매는 일이 없도록 한다.

    ※ 주의사항 … 우리나라의 경우 여름에는 반팔셔츠를 입는 것도 무난하나 외국계 기업일 경우 이는 실례가 된다. 또한 양말을 신을 경우 절대로 흰색은 피한다.

② 여성

   ⊙ **의상** : 단정한 스커트투피스 정장이나 슬랙스 슈트 정장도 무난하며 베이지나 그레이, 브라운 계열이 적당하다.

   ⓒ **소품** : 핸드백, 스타킹, 구두 등과 같은 계열로 코디하는 것이 좋으며 구두는 너무 높거나 낮은 굽을 피해 5cm 정도가 적당하다.

   ⓒ **액세서리** : 너무 크거나 화려한 것은 좋지 않으며, 많이 하는 것도 좋은 인상을 주지 못하므로 주의한다.

   ⓔ **화장** : 자연스럽고 밝은 이미지를 표현하는 것이 좋으며 진한 화장은 인상이 강해보일 수 있으므로 피하자.

(2) 목소리

면접은 주로 면접관과 지원자의 대화로 이루어지므로 음성이 미치는 영향은 상당하다. 답변을 할 때에 부드러우면서도 활기차고 생동감 있는 목소리로 하면, 상대방에게 호감을 줄 수 있으며 여기에 적당한 제스처가 더해진다면 상승효과를 이룰 수 있다. 그러나 적절한 답변을 하였어도 콧소리나 날카로운 목소리는 답변의 신뢰성을 떨어뜨릴 수 있으며 불쾌감을 줄 수 있다.

(3) 사진

이력서용 사진의 경우 최근 3개월 이내에 찍은 증명사진이어야 하며 증명사진이 아닌 일반 사진을 오려서 붙이는 것은 예의가 아니다. 요즘 입사원서를 온라인으로 받는 경우가 많아졌는데 이때 주의할 것은 사진을 첨부하는 것이다. 이력서에 사진을 붙이는 것은 기본이며 붙이지 않을 경우 컴퓨터 사용능력이 부족한 것으로 판단될 수 있으므로 꼭 확인하자.

① 회사에 대한 지원자의 열의를 엿볼 수 있는 것이 사진이다. 당신이 인사 담당자라면 스펙이 비슷할 때 캐주얼 복장의 어두운 표정의 사람과 깔끔한 정장에 단정한 머리, 활기찬 표정의 사람 중 누구를 뽑겠는가. 우리를 사용하기 위해 평가하는 이의 입장에서 생각해 보자. 면접관도 감성이 있는 사람이라는 것을 생각해 보았을 때 굳이 나의 무성의함으로 불쾌감을 주지 말고 정성껏 준비하여 가장 좋은 모습을 보여주자.

② 만일 사진과 실물이 너무 다르다면 면접관은 우리의 진실성을 의심할 수도 있다. 포토샵으로 과대포장한 나의 모습보다는 현실을 진솔하게 보여주는 것이 차라리 낫다.

③ 취업용 사진을 전문으로 하는 사진관이라고 할지라도 전적으로 믿고 맡겼다가는 큰 낭패를 볼 것이다. 재촬영을 하고 싶지 않으면 사진 촬영 후 기사와 함께 선별 작업을 하라. 맘에 드는 사진이 나오지 않았다면 당당하게 재촬영을 요구할 줄도 알아야 한다. 촬영시 정장은 필수다. 하지만 너무 눈에 띄는 줄무늬, 남자의 경우 광택이 심한 정장 등은 피하는 것이 좋다. 또 남성들은 약간의 메이크업을 시도해 볼 기회이기도 하다. 특히 여성의 경우 얼짱 포즈는 자제하는 것이 좋고, 사진은 최근 3개월 이내의 것이 좋다. 그리고 폰, 화상 카메라 등으로 찍지 말자.

(4) 이력서 작성 시 놓치기 쉬운 사항

모집공고에 간혹 '희망연봉을 명시하시오', '지망부서를 쓰시오' 등과 같은 요구 사항들이 있다. 이런 기업의 요구사항들을 제대로 파악하지 못하거나 무시한 채, 그냥 한번 넣어본다는 듯이 작성된 이력서는 인사담당자들의 눈 밖에 날 것이다. 특히 이곳저곳 이력서를 뿌리는 가운데 다른 기업의 이름이 들어가게 되거나, 받는 사람의 이메일 주소가 여러 곳인 것을 인사담당자가 확인한다면 그 결과는 뻔하다. 이외에도 오타가 많은 이력서는 지원자의 무성의함을 부각시킨다. 한, 두 번만 읽어봐도 오타를 바로 잡을 수 있기 때문이다.

2 면접 시 준비사항

(1) 지원회사에 대한 사전지식을 습득한다.

필기시험에 합격하거나 서류전형을 통과하면 보통 합격 통지 이후 면접시험 날짜가 정해진다. 이때 지원자는 면접시험을 대비해 본인이 지원한 계열사 또는 부서에 대해 다음과 같은 사항 정도는 알고 있는 것이 좋다.

① 회사의 연혁

② 회장 또는 사장의 이름, 출신학교, 전공과목 등

③ 회사에서 요구하는 신입사원의 인재상

④ 회사의 사훈, 사시, 경영이념, 창업정신

⑤ 회사의 대표적 상품과 그 특색

⑥ 업종별 계열 회사의 수

⑦ 해외 지사의 수와 그 위치

⑧ 신제품에 대한 기획 여부

⑨ 지원자가 평가할 수 있는 회사의 장·단점

⑩ 회사의 잠재적 능력 개발에 대한 각종 평가

(2) 충분한 수면을 취해 몸의 상태를 최상으로 유지한다.

면접 전날에는 긴장하거나 준비가 미흡한 것 같아 잠을 설치게 된다. 이렇게 잠을 잘 자지 못하면 다음날 일어났을 때 피곤함을 느끼게 되고 몸 상태도 악화된다. 게다가 잠을 잘 못 잘 경우, 얼굴이 부스스하거나 목소리에 영향을 미칠 수 있으며 자신도 모르게 멍한 표정을 지을 수도 있다. 가능한 숙면을 취하고 안정적인 상태에서 면접에 임하는 것이 좋다.

(3) 아침에 정보를 확인한다.

경제, 정치, 문화 등과 같은 시사 상식은 최근의 것을 질문하기 쉽다. 아침에 일어나서 뉴스 등을 유의해서 보고 자신의 생각을 정리해 두는 것이 좋다. 또한 면접일과 인접해 있는 국경일이나 행사 등이 있다면 그에 따른 생각을 정리해 두면 좋다.

3 면접 시 유의사항

(1) 첫인상이 중요하다.

면접에서는 처음 1 ~ 2분 동안에 당락의 70% 정도가 결정될 정도로 첫인상이 중요하다고 한다. 그러므로 지원자는 자신감과 의지, 재능 등을 보여주어야 한다. 그리고 면접자와 눈을 맞추고 그가 설명을 하거나 말을 하면 적절한 반응을 보여준다.

(2) 절대 지각해서는 안 된다.

우선 면접장소가 결정되면 교통편과 소요시간을 확인하고 가능하다면 미리 방문해 보는 것도 좋다. 당일 날에는 서둘러서 출발하여 면접 시간 10 ~ 15분 일찍 도착하여 회사를 둘러보고 환경에 익숙해지는 것이 좋다.

(3) 면접대기시간의 행동도 평가된다.

지원자들은 대부분 면접실에서만 평가 받는다고 생각하나 절대 그렇지 않다. 면접진행자는 대부분 인사실무자이며 당락에 영향을 준다. 짧은 시간 동안 사람을 판단하는 것은 힘든 일이라 면접자는 지원자에 대한 평가에 대한 확신을 위해 타인의 의견을 듣고자 한다. 이때 면접진행자의 의견을 참고하므로 면접대기시간에도 행동과 말을 조심해야 한다. 또한, 면접을 마치고 돌아가는 그 순간까지도 행동과 말에 유의하여야 한다. 황당한 질문에 답변은 잘 했으나 복도에 나와서 흐트러진 모습을 보이거나 욕설을 하는 것도 다 평가되므로 주의한다.

(4) 입실한 후에는 공손한 태도를 취한다.

① 본인 차례가 되어 호명되면 대답을 또렷하게 하고 들어간다. 만약 문이 닫혀있다면 상대에게 소리가 들릴 수 있을 정도로 노크를 두 번 한 후 대답을 듣고 나서 들어간다.

② 문을 여닫을 때에는 소리가 나지 않게 조용히 하며 공손한 자세로 인사한 후 성명과 수험번호를 말하고 면접관의 지시에 따라 자리에 앉는다. 이 경우 자리에 착석하라는 말이 없는데 의자에 앉으면 무례한 사람처럼 보일 수 있으므로 주의한다.

③ 의자에 앉을 때는 끝에 걸터앉지 말고 안쪽으로 깊숙이 앉아 무릎 위에 양손을 가지런히 얹는 것이 좋다.

(5) 대답하기 난해한 개방형 질문도 반드시 답변을 해야 한다.

① 면접관의 질문에는 예, 아니오로 답할 수 있는 단답형도 있으나, 정답이 없는 개방형 질문이 있을 수 있다. 단답형 질문의 경우에는 간단명료하면서도 그렇게 생각하는 이유를 밝혀주는 것이 좋다. 그러나 개방형 질문은 평소에 충분히 생각하지 못했던 내용이라면 답변을 하기 힘들 수도 있다. 하지만 반드시 답변을 해야 한다. 자신의 생각이나 입장을 밝히지 않을 경우 소신이 없거나 혹은 분명 한 입장이나 가치를 가지고 있지 않은 사람으로 비쳐질 수 있다. 답변이 바로 떠오르지 않는다면, "잠시 생각을 정리할 시간을 주시겠습니까?"하고 요청을 해도 괜찮다.

② 평소에 잘 알고 있는 문제라면 답변을 잘 할 수 있을 것이다. 그러나 이런 경우 주의할 것은 면접자와 가치 논쟁을 할 필요가 없다는 것이다. 정답이 정해져 있지 않은 경우에는 가치관이나 성장배경에 따라 문제를 받아들이는 태도에서 답변까지 충분히 차이가 있을 수 있다. 그런데 그것을 굳이 지적하고 고치려 드는 것은 좋지 않다.

(6) 답변은 자신감과 의지가 드러나게 한다.

면접을 하다 보면 미래를 예측해야 하는 질문이 있다. 이때에는 너무 많은 상황을 고려하지 말고, 자신감 있는 내용으로 긍정문으로 답변하는 것이 좋다.

(7) 자신의 장·단점을 잘 알고 있어야 한다.

면접을 하다 보면 나에 대해서 부정적인 말을 해야 될 경우가 있다. 이때에는 자신의 약점을 솔직하게 말하되 너무 자신을 비하하지 말아야 한다. 그리고 가능한 단점을 짧게 말하고 뒤이어 장점을 말하는 것이 좋다.

(8) 대답은 항상 정직해야 한다.

면접이라는 것이 아무리 본인의 장점을 부각시키고 단점을 축소시키는 것이라고 해도 절대로 거짓말을 해서는 안 된다. 거짓말을 하게 되면 지원자는 불안하거나 꺼림칙한 마음이 남아 있어 면접에 집중하지 못하게 되고 면접관을 그것을 놓치지 않는다. 거짓말은 그 사람에 대한 신뢰성을 떨어뜨리며 이로 인해 다른 조건이 좋다하더라도 탈락할 수 있다.

(9) 지원동기에는 가치관이 반영되어야 한다.

면접에서 거의 항상 물어보는 질문은 지원동기에 관한 것이다. 어떤 응시자들은 이 질문을 대수롭지 않게 여기거나, 중요한 것은 알지만 적당한 내용을 찾지 못해 추상적으로 답변하는 경우가 많다. 이런 경우 면접관들은 응시자의 생각을 알 수 없거나 성의가 없다고 생각하기 쉬우므로 그 내용 안에 자신의 가치관이 내포되도록 답변한다. 이러한 답변은 면접관에게 응시자가 직업을 통해 자신의 가치관을 실현하기 위한 과정이라는 인상을 주게 되므로 적극적인 삶의 자세를 볼 수 있게 한다.

(10) 경력직일 경우 전(前) 직장에 대한 험담은 하지 않는다.

응시자에게 이전 직장에서 무슨 일이 있었는지, 그곳 상사들이 어땠는지 등은 그다지 면접관이 궁금해 하는 사항이 아니다. 전 직장에 대해 험담을 늘어놓는다든가, 동료와 상사들에 대한 악담을 하게 된다면 오히려 부정적인 이미지를 심어 줄 수 있다. 만약 전 직장에 대한 말을 할 필요성이 있다면 가능한 객관적으로 이야기하는 것이 좋다.

(11) 대답 시의 유의사항

① 질문이 주어지자 말자 답변하는 것은 미리 예상한 답을 잊어버리기 전에 말하고자하는 것으로 오인할 수 있으며, 침착하지 못하고 즉흥적으로 비춰지기 쉽다.

② 질문에 대한 답변을 할 때에는 면접관과의 거리를 생각해서 너무 작게 하는 것은 좋지 않으나 큰 소리로 이야기하면 면접관이 부담을 느끼게 된다. 자신 있는 답변이라고 해서 너무 빠르게 많이 말하지 않아야 하며, 자신의 답변이 적당하지 못했다고 느꼈을 경우 머리를 만지거나 혀를 내미는 등의 행동은 좋지 못하다. 그리고 정해진 답변 외에 적절하지 않은 농담은 경망스러워 보이거나 취업에 열의가 없어 보이기도 한다.

③ 가장 중요한 것은 올바른 언어의 구사이다. 존대어와 겸양어를 혼동하기도 하고 채팅어를 자기도 모르게 사용하기도 하는 데이는 면접 실패의 원인이 될 수 있다.

(12) 옷매무새를 자주 고치지 마라.

여성들의 경우 이러한 모습이 특히 두드러지는데 외모에 너무 신경을 쓰거나 긴장하여 머리를 계속 쓸어 올리거나 치마 끝을 만지작거리는 경우가 있다. 특히 너무 짧은 치마를 입고서 치마를 끌어 내리는 행동은 좋지 못하다.

⒀ 다리를 떨거나 산만한 시선은 금물이다.

① 자신도 모르게 다리를 떨거나 손가락을 만지는 등의 행동을 하는 사람들이 많다. 이는 면접관의 주의를 끌 뿐만 아니라 불안하고 산만한 사람이라는 느낌을 주게 된다.

② 면접관과 시선을 맞추지 못하고 여기저기 둘러보는 듯한 산만한 시선은 거짓말을 하고 있다고 여기거나 신뢰성이 떨어진다고 생각하기 쉽다.

⒁ 질문의 기회를 활용하자.

면접관이 "면접을 마치겠네." 혹은 "면접과는 상관없는 것인데…."하면서 질문을 유도하기도 하다. 이 경우 면접관이 하는 말은 지원자를 안심시켜 마음을 알고자 하는 것으로 거기에 넘어가서는 안 된다. "물어볼 것이 있나?"라는 말은 우리 회사에서 가장 관심이 있는 것이 무엇이냐라는 말과 같은 의미이므로 유급휴가나 복리후생에 관한 질문 등을 하게 되면 일보다는 휴가에 관심이 많은 사람이라는 인식을 주게 된다. 이런 내용들은 다른 정보망을 활용하여 미리 파악해 두는 것이 좋으므로 업무에 관련된 질문으로 하고자 하는 일의 예를 들면서, 합격 시에 하는 일을 구체적으로 설명해 달라고 하거나 업무를 잘 수행하기 위해서 필요한 능력 등을 물어보는 것이 좋다.

4 자기소개시 유의사항

면접에서 빠지지 않는 것이 자기소개를 간단히 해보라는 것이다. 이럴 때 꼭 해야 할 말은 무엇이며 피해야할 말은 무엇인가? 면접관의 모든 질문이 그러하듯 이 질문에 숨겨진 의도만 알아낸다면 쉽게 풀어 갈수 있다. 자기소개라는 것은 매우 추상적이며 넓은 의미를 포괄한다. 자신의 이름에 얽힌 사연이나 어릴 적의 추억, 고향, 혈액형 등 지원자에 관한 일이라면 모두 자기소개가 될 수 있다. 그러나 이는 면접관이 원하는 대답이 아니다. 면접관은 지원자의 신상명세를 알고 싶은 것이 아니라 지원자가 지금껏 해온 일을 통해 그 사람 됨됨이를 알고자 하는 것이기 때문이다. 다음 유형은 지원자들이 면접시 자기소개를 할 때 취하기 쉬운 태도들이다. 예시를 살펴본 후 자신의 방법과 비교해 보고 적절한 방법을 찾도록 하자.

(1) 자신의 집안에 대해 자랑하는 사람

자신의 부모나 형제 등 집안 사람들이 사회·경제적으로 어떠한 위치에 있는지를 서술하는 유형으로 자신도 대단한 사람이라는 것을 강조하고 싶은 것일지 모르나 면접관에게는 의존적이며 나약한 사람으로 비춰지기 쉽다.

(2) 대답을 하지 못하는 사람

면접관의 질문에는 난이도가 있어서 대답하기 힘든 문제도 분명히 있을 것이다. 그러나 이는 어려운 것이지 난처한 문제는 아니다. 그러나 면접관이 당신에게 "지금까지 무슨 일을 해왔습니까?" 하고 묻는다면 바로 대답을 하지 못하고 머뭇거리게 될 것이다. 20여 년을 넘게 살아오면서 '나는 무슨 일을 했으며 어떻게 대답해야 하는가?' 라는 생각이 들 것이다. 이는 단순히 그 사람의 행적을 말하는 것이 아니라 그 속에서 그 사람의 가치관과 자아정체성을 판별하기 위한 것이다. 평소에 끊임없이 이런 질문을 스스로 던져 자신이 원하는 것을 파악하고 직업도 관련된 쪽으로 구하고자 하면 막힘없이 대답할 수 있을 것이다.

(3) 자신이 한 일에 대해서 너무 자세하게 이야기하는 사람

오늘아침부터 한 일을 말하라고 해도 10분 안에 이야기하는 것은 힘들 것이다. 면접은 필기시험과 마찬가지로 시간이 정해져 있고 그 시간을 효율적으로 활용하여 자신을 내보이는 것이다. 그러나 이러한 사람들은 그것은 생각하지 않고 적당하지 않은 말까지 많이 하여 시간이 부족하다고 하는 사람들이다. 이와 비슷한 사람들 중에는 자기가 지금껏 해온 일을 무조건 늘어놓는 사람들이다. 이들은 자신이 한 일을 열거하면서 모든 일에 열의가 있는 사람이라고 생각해주길 바라지만 단순 나열일 뿐 면접관들에게 강한 인상을 남기지 못한다.

(4) 너무 오래된 추억을 이야기하는 사람

면접에서 초등학교 시절의 이야기를 하는 사람은 어떻게 비춰질까? 그 이야기가 지금까지도 영향을 미치고 있다면 괜찮지만 단순히 일회성으로 그친다면 너무 동떨어진 이야기가 되버린다. 가능하면 최근의 이야기를 하는 것이 강렬한 인상을 남길 수 있다.

5 면접에 대한 궁금증

(1) 1차, 2차 면접의 질문이 같다면 대답도 똑같아야 하나요?

면접관의 질문이 같다면 일부러 대답을 바꿀 필요는 없다. 1차와 2차의 면접관이 다르다면 더욱 그러하며 면접관이 같더라도 완전히 다른 대답보다는 대답의 방향을 조금 바꾸거나, 예전의 질문에서 더욱 구체적으로 파고드는 대답이 좋다.

(2) 제조회사의 면접시험에서 지금 사용하고 있는 물건이 어느 회사의 제품인지를 물었을 때, 경쟁회사의 제품을 말해도 괜찮을까요?

타사 특히 경쟁사의 제품을 거론하는 것을 좋아할 만한 면접관은 한 명도 없다. 그러나 그 제품의 장·단점까지 분석할 수 있고 논리적인 설명이 가능하다면 경쟁회사의 제품을 거론해도 무방하다. 만약 면접을 보는 회사의 제품을 거론할 때 장단점을 설명하지 못하면, 감점요인까지는 아니지만 좋은 점수를 받기는 힘들다.

(3) 면접관이 '대답을 미리 준비했군요'라는 말을 하면 어떻게 해야 할까요?

외워서 답변하는 경우에는 면접관의 눈을 똑바로 보고 말하기가 힘들며, 잊어버리기 전에 말하고자 하여 말의 속도가 빨라진다. 면접에서는 정답이 표면적으로 드러나 있는 질문보다는 지원자의 생각을 묻는 질문이 많으므로 면접관의 질문을 새겨듣고 요구하는 바를 파악한 후 천천히 대답한다.

(4) 아버지의 직업이 나와 무슨 관계가 있습니까?

이는 면접관이 지원자의 아버지 직업이 궁금해서 묻는 것이 아니다. 이 대답을 통해서 지원자가 자식으로서 아버지를 얼마나 이해하고 있는가와 함께 사회인으로서 다른 직장인을 얼마나 이해하고 포용할 수 있는가를 확인하는 것이다. 아버지의 직업만을 이야기하지 말고 그에 따른 자신의 생각을 밝히는 것이 좋다.

(5) 집단면접에서 면접관이 저에게 아무런 질문도 하지 않았습니다. 그 이유는 무엇인가요?

이력서와 자기소개서는 면접의 기본이 되며 이력서의 내용이 평범하거나 너무 포괄적이라면 면접관은 지원자에게 궁금증이 생기지 않는다. 그러므로 이력서는 구체적이면서 개성적으로 자신을 잘 드러낼 수 있는 내용을 강조해서 작성하는 것이 중요하다.

(6) 면접관에게 좋은 인상을 남기기 위해서는 어떻게 하는 것이 좋을까요?

면접관은 성실하고 진지한 지원자를 대할 경우 고개를 끄덕이거나 신중한 표정을 짓는다. 그러므로 지나치게 가벼워 보이거나 잘난 척하는 자세는 바람직하지 않다.

(7) 질문에 대한 답변을 다 하지 못하였는데 면접관이 다음 질문으로 넘어가 버리면 어떻게 할까요?

면접에서는 간단명료하게 자신의 의견을 일관성 있게 밝히는 것이 중요하다. 두괄식으로 주제를 먼저 제시하는데 서론이 길면 지루해져 다음 질문으로 넘어갈 수 있다.

(8) 면접에서 실패한 경우에, 역전시킬 수 있는 방법이 있을까요?

지원자 스스로도 면접에서 실패했다고 느끼는 경우가 종종 있다. 이런 경우에는 당황하여 인사를 잊기도 하나 그 때 당황하지 말고 정중하게 인사를 하면 또 다른 인상을 심어줄 수 있다. 면접관은 당신이 면접실에 들어서는 순간부터 나가는 순간까지 당신을 지켜보고 있다는 사실을 기억해야 한다.

6 면접에서의 공통질문

대부분의 기업들이 아래 세 가지를 반드시 질문한다.

(1) 자기소개를 해보세요.

자기소개시 정말로 자기 신상에 관해서만 소개하거나, 장점만 나열하는 것은 좋지 않다. 처음부터 업계, 회사, 담당 직무에 많은 관심을 가지고 준비해왔음을 보여주자.

(2) 당사에 지원하게 된 동기를 말씀해주세요.

이 경우도 마찬가지다. 회사에 대한 개인적인 생각이나 취향을 이유로, 또는 회사가 업계에서 유명한 곳이기 때문에 지원했다고 답하지 말자. 해당 산업의 현실, 회사의 당면 과제 등을 파악해서 이에 대한 필요를 채워줄 수 있는 나의 장점을 설득력 있는 예를 들어 제시하자. 이를 통해 내가 회사에 필요한 인재이기 때문에 지원했음을 알려주는 것이다.

(3) (경력의 경우) 이직의 동기가 무엇입니까?

이 경우 이전 회사나, 직장 동료에 대한 부정적인 언급은 하지 말자.

위의 질문들 다음으로 가장 빈도수가 높은 질문은 "마지막으로 하실 말씀 있으면 해보세요."이다. 면접을 마칠 때 이 질문을 들으며 '이제는 끝났구나!'하고 입사 후 포부의 잘못 된 예처럼, '만약 합격한다면 최선을 다하겠습니다.' 등의 막연한 말들을 늘어놓지 말자. 대신에 해당 분야와 기업의 현황 등을 간략하게 말하고 이 속에서 내가 나아가야 할 방향과 담당 직무를 위해 준비해야 할 것들을 묻자. 이렇게 한다면 마지막까지 좋은 인상을 심어줄 수 있을 것이다.

02 면접기출

❄ 강원랜드 면접기출

① 국내 다른 카지노에 내국인 출입허가에 대한 자신의 의견을 제시하시오.

② 지원 분야 관련 경험 중 조직의 프로세스를 개선하기 위해 주도적으로 업무를 수행했던 경험에 대해 말해 보시오.

③ 최근 이슈가 되고 있는 뉴스를 하나 골라 자신의 의견을 제시하시오.

④ 학창시절에 경험했던 동아리, 아르바이트 활동 중 기억에 남는 것에 대해 말해 보시오.

⑤ 한국 기업의 가장 큰 문제점은 무엇이라고 생각하는가?

⑥ 강원랜드의 폐광지역 지원 사업에 대해 알고 있는 대로 말해 보시오.

⑦ 중소기업 구인난에 관한 자신의 생각은 어떤가?

⑧ 더블 딥에 대해 설명해 보시오.

⑨ 정년연장에 대한 자신의 견해를 말해 보시오.

⑩ 인트라넷과 인터넷의 차이점은 무엇인가?

⑪ 올해의 가장 큰 이슈는 무엇이라고 생각하고, 그 이유는?

⑫ 초등학생이 스마트폰을 가지고 다니는 것에 대한 자신의 생각은 어떠한가?

⑬ 자주 방문하는 웹사이트나 즐겨하는 온라인 게임이 있는가?

⑭ 강원랜드에 대한 국민의 인식이 어떻다고 생각하는가?

⑮ 스마트폰을 사용하는 주 용도는?

⑯ 대학시절 가장 기억에 남는 도전에 대해 말해 보시오.

⑰ 60세에 퇴직한 사람이 100세까지 산다고 가정할 때 의식주에 필요한 비용은 대략 얼마나 될까?

⑱ 여가산업 중 가장 유망한 분야라고 생각하는 것은?

⑲ 글로벌 테마파크의 국내 진출 가능성과 그에 대한 강원랜드의 대비책에 대해 말해 보시오.

⑳ '강원랜드=카지노'라는 인식을 가진 사람에게 강원랜드를 소개해 보시오.

PART

V

정답 및 해설

01 의사소통능력

1	④	2	②	3	②	4	④	5	③	6	④	7	③	8	②	9	②	10	③
11	②	12	④	13	①	14	①	15	④	16	②	17	③	18	④	19	②	20	①
21	①	22	④	23	①	24	③	25	④	26	④	27	③	28	④	29	③	30	①

1 ④

왓슨의 추론은 필요한 모든 정보가 있음에도 이와 무관하게 엉터리 이유로 범인을 지목했기 때문에 박수를 받을 수 없다. 그러므로 "올바른 추론에 필요한 정보를 가지고 있긴 했지만 그 정보와 무관하게 범인을 지목했기 때문이다."가 빈칸에 들어가야 한다.

2 ②

관점 A – 객관적인 정보에 의해서 결정
관점 B – 객관적 요소 뿐 아니라 주관적 인지와 평가에 좌우
관점 C – 개인의 심리적 과정과 속한 집단의 문화적 배경에도 의존
㉠ 관점 B는 객관적인 요소에 영향을 받는다.
㉡ 관점 B는 주관적 인지와 평가, 관점 C는 문화적 배경
㉢ 민주화 수준이 높은 사회는 개인이 속한 집단의 문화적 배경에 해당하므로 관점 C에 해당하며, 관점 A는 사회 구성원들이 기후변화의 위험에 더 민감한 태도를 보인다는 것을 설명할 수 없다.

3 ②

① mtDNA와 같은 하나의 영역만이 연구된 상태에서는 그 결과가 시사적이기는 해도 결정적이지는 않다.
③ 그 수형도는 인류학자들이 상상한 장엄한 떡갈나무가 아니라 윌슨이 분석해 놓은 약 15만 년밖에 안 된 키 작은 나무와 매우 유사하였다.
④ Y염색체가 하나씩 존재하는 특성이 있어 재조합을 일으키지 않고, 그 점은 연구 진행을 수월하게 하기 때문이다.

4 ④

① 정약용은 청렴을 당위의 차원에서 주장하는 기존의 학자들과 달리 행위자 자신에게 실질적 이익이 된다는 점을 들어 설득하고자 하였다.

② 정약용은 "지자(知者)는 인(仁)을 이롭게 여긴다."라는 공자의 말을 빌려 "지혜로운 자는 청렴함을 이롭게 여긴다."라고 하였다.

③ 청렴은 큰 이득이 남는 장사라고 말하면서, 지혜롭고 욕심이 큰 사람은 청렴을 택하지만 지혜가 짧고 욕심이 작은 사람은 탐욕을 택한다고 설명한다.

---

5 ③

토크빌은 시민들의 정치적 결사가 소수자들이 다수의 횡포를 견제할 수 있는 수단으로 온전히 가능하기 위해서는 도덕의 권위에 호소해야 한다고 보았다.

---

6 ④

① 단절 전 형성 방식은 이동단말기와 기존 기지국 간의 통화 채널이 단절되기 전에 새로운 기지국과의 통화 채널을 형성하는 방식이다.

각 기지국이 같은 주파수를 사용하고 있다면, 그런 주파수 조정이 필요 없으며 새로운 통화 채널을 형성하고 나서 기존 통화 채널을 단절할 수 있다.

② 신호의 세기가 특정값 이하로 떨어지게 되면 핸드오버가 명령되어 이동단말기와 새로운 기지국 간의 통화 채널이 형성된다. 형성 전 단절 방식과 단절 전 형성 방식의 차이와는 상관 없다.

③ 핸드오버는 신호 세기가 특정값 이하로 떨어질 때 발생하는 것이지 이동단말기와 기지국 간 상대적 신호 세기와는 관계가 없다.

---

7 ③

2문단과 3문단에서 용승이 일어나면 동태평양 페루 연안의 해수면 온도가 같은 위도의 다른 해역보다 낮아진다고 설명하고 있다.

① 3문단에서 표층 해수의 온도가 높아지면 따뜻한 해수가 공기를 데워 상승 기류를 발생시킨다고 설명하고 있다.

② 2문단에서 평상시 무역풍이 동쪽의 따뜻한 표층수를 서쪽으로 운반한다고 설명하고 있다.

---

8 ②

① 긍정적이고 능동적으로 활동하는 성질

② 괴로움이나 어려움을 참고 견딤

③ 정성스럽고 참됨

④ 새로운 의견을 생각하여 냄. 또는 그 의견

9 ②

형상·구조·<u>제질</u> 및 성능 → 형상·구조·<u>재질</u> 및 성능
검사기관의 <u>건정</u>을 받은 → 검사기관의 <u>검정</u>을 받은

---

10 ③

Albert Denton : 9월 24일, 화요일

8:30 a.m.	Metropolitan 호텔 로비 택시에서 Extec 공장까지 Kim S.S.와 미팅
9:30–11:30 a.m.	공장 투어
12:00–12:45 p.m.	품질 관리 감독관과 공장 식당에서 점심식사
1:00–2:00 p.m.	공장 관리자와 미팅
2:00 p.m.	차로 창고에 가기
2:30–4:00 p.m.	창고 투어
4:00 p.m.	다과
5:00 p.m.	택시로 호텔 (약 45분)
7:30 p.m.	C.W. Park과 로비에서 미팅
8:00 p.m.	고위 간부와 저녁식사

공장 투어는 9시 30분에서 11시 30분까지이므로 오후가 아니다.

---

11 ②

'일절'과 '일체'는 구별해서 써야 할 말이다. '일절'은 부인하거나 금지할 때 쓰는 말이고, '일체'는 전부를 나타내는 말이다.

---

12 ④

한국의 관광 관련 고용자 수는 50만 명으로 전체 2% 수준이다. 이를 세계 평균 수준인 8% 이상으로 끌어올리려면 150만 여명 이상을 추가로 고용해야 한다. 백만 달러당 50명의 일자리가 추가로 창출되므로 150만 명 이상을 추가로 고용하려면 대략 300억 달러 이상이 필요하다.

① 약 1조 8,830억 달러 정도이다.
② 2017년 기준으로 지난해인 2016년도의 내용이므로 2015년의 종사자 규모는 알 수 없다. 2016년 기준으로는 전 세계 통신 산업의 종사자는 자동차 산업의 종사자의 약 3배 정도이다.
③ 간접 고용까지 따지면 2억 5,500만 명이 관광과 관련된 일을 하고 있어, 전 세계적으로 근로자 12명 가운데 1명이 관광과 연계된 직업을 갖고 있는 셈이다. 추측해보면 2017년 전 세계 근로자 수는 20억 명을 넘는다.

13 ①

'만약 "W"라는 용어의 의미가 당신만이 느끼는 그 감각에만 해당한다면, "W"라는 용어의 올바른 사용과 잘못된 사용을 구분할 방법은 어디에도 없게 될 것이다. 올바른 적용에 관해 결론을 내릴 수 없는 용어는 아무런 의미도 갖지 않는다.'를 통해 알 수 있다.

14 ①

배경지식이 전혀 없던 상태에서는 X선 사진을 관찰하여도 아무 것도 찾을 수 없었으나 이론과 실습 등을 통하여 배경지식을 갖추고 난 후에는 X선 사진을 관찰하여 생리적 변화, 만성 질환의 병리적 변화, 급성질환의 증세 등의 현상을 알게 되었다는 것을 보면 관찰은 배경지식에 의존한다고 할 수 있다.

15 ④

'즉'은 옳게 쓰여진 것으로 고쳐 쓰면 안 된다.

16 ②

자신의 핸드폰 번호를 바꾸더라도 헤어진 애인에게 자신이 전화를 할 수 없게 된 것은 아니므로 사전조치에 해당하지 않는다.

17 ③

A요금제와 B요금제를 계산해 보면 6개월에 A요금은 650,000원, B요금은 770,000원이 나오므로 A요금이 더 저렴하다는 것을 보고해야 한다. 그러나 본인에게 검토해서 보고하라고 하였으므로 타인의 의견이 아닌 본인이 직접 검토해 보아야 한다.

18 ④

제시된 작업명세서를 보면 컴퓨터 파손에 대한 책임이나 한계에 대한 내용은 어디에도 없다.
편집디자이너가 컴퓨터 파손에 대한 책임을 갖는 것은 아니다.

19 ②

㉠ 가산 : 더하여 셈함
㉡ 지체 : 의무 이행을 정당한 이유 없이 지연하는 일
㉢ 승낙 : 청약(請約)을 받아들이어 계약을 성립시키는 의사 표시

20 ①

상하이와 요코하마에서는 영국인에 의해 영자신문이 창간되었다고 언급했다. 그러나 주어진 글로는 이들이 서양 선교사들인지는 알 수 없다.

② 정부 차원에서 관료들에게 소식을 전하는 관보가 있었으나 민간인을 독자로 하는 신문은 개항 이후 새롭게 나타난 신문들이다.

③ 'ㅇㅇ신보'라는 용어가 유래된 것은 「상하이신보」로 영국의 민간회사에서 만들었고, '△△일보'라는 용어가 유래된 것은 「순후안일보」로 상인에 의해 창간되었다.

④ 자국민에 의한 중국어 신문은 1874년에 출간된 「순후안일보」가 최초이고, 자국민에 의한 일본어 신문은 1871년에 출간된 「요코하마마이니치신문」이 최초이다.

---

21 ①

(다) 무한한 지식의 종류와 양 → (가) 인간이 얻을 수 있는 지식의 한계 → (라) 체험으로써 배우기 어려운 지식 → (나) 체험으로 배우기 위험한 지식의 예 → (마) 체험으로써 모든 지식을 얻기란 불가능함

---

22 ④

고시(告示) : 글로 써서 게시하여 널리 알림. 주로 행정 기관에서 일반 국민들을 대상으로 어떤 내용을 알리는 경우를 이른다.
고시(古時) : 옛 시절이나 때

---

23 ①

"희생제의의 기원이나 형식을 밝히기 위한 종교현상학적 연구들이 시도되어 왔다. 그리고 인류학적 연구에서는 희생제의에 나타난 인간과 문화의 본질에 대한 탐색이 있어 왔다."를 보면 인간 사회의 특성과 사회 갈등 형성 및 해소를 희생제의와 희생양의 관계를 통해 설명하는 것은 인류학적 연구이다.

---

24 ③

위 글에서 보면 성인 흡연자의 대부분이 흡연을 시작한 시기가 청소년기라고 했으며, 흡연행동과 그에 따른 니코틴 중독을 고려하면, 청소년 흡연율과 성인 흡연율 간의 강한 양의 상관관계가 있다고 추론이 가능하므로 청소년의 흡연율을 낮추면 성인 흡연율도 장기적으로 낮아질 가능성이 있다.

---

25 ④

㉠ 사건의 확률로 미래를 예측 → 도박사의 오류가 아니다.
㉡ 도박사의 오류 B(확률이 낮은 사건이 일어난 것은 시행을 많이 해봤을 것이다)
㉢ 도박사의 오류는 특정사건을 예측하거나 과거를 추측하는 문제이지 확률이 높고 낮음을 추론하는 것이 아니다. 도박사의 오류 A, B 둘 다 아니다.

26 ④

바이러스 Y는 람다-파지 방식으로 감염되므로 나선형이 될 수 없다.

① 바이러스 X는 람다-파지 방식으로 감염되므로 원통형일 수도 있고 아닐 수도 있다.

② 바이러스 X는 람다-파지 방식으로 감염되므로 호흡기에 감염될 수 있다.

③ 바이러스 Y는 람다-파지 방식으로 감염되므로 호흡기에 감염될 수도 있고 아닐 수도 있다.

---

27 ③

㉠은 적응의 과정을 ㉡은 이질성의 극복 방안, ㉢은 동질성 회복이 쉽다는 이야기로 ㉣은 이질화의 극복에 대한 문제 제기를 하고 있다. 그러므로 ㉢→㉣→㉡→㉠이 가장 자연스럽다.

---

28 ④

㉠ 한국표준산업 분류표에서 대분류에 해당하는 것을 '업태'라고 한다. 업태 중에서 세분화된 사업의 분류는 '업종'이라고 한다.

㉡ 본체의 수량이 5개이고, 공급가액이 2,600,000원이므로 단가, 즉 한 단위의 가격은 520,000원임을 알 수 있다.

---

29 ③

㈎는 짝짓기 경쟁으로 인해 성비의 불균형이 나타난다고 본다. 그러나 ㈐는 남자에 비해 여성이 소수인 경우 짝짓기 경쟁의 원인을 성비 불균형으로 보고 있다.

---

30 ①

이 글에서 말하고 있는 '이것'은 자기 자신의 관심에 따라 세상을 규정하는 사고방식에 따라 세상을 보고 결정을 한다는 것을 의미한다. 다이어트를 하고 있는 여대생은 그렇지 않은 여대생에 비해 식품광고가 늘었다고 생각하고, 5년 사이에 아이를 낳은 사람은 5년 전에 비하여 아동들이 직면하고 있는 위험요소가 증가했다고 생각하는 것을 보면 알 수 있다.

1	①	2	③	3	④	4	②	5	④	6	①	7	④	8	②	9	③	10	④
11	③	12	①	13	③	14	③	15	①	16	③	17	④	18	②	19	①	20	③
21	②	22	④	23	④	24	④	25	③	26	③	27	②	28	③	29	④	30	③

1 ①

- 앞의 항의 분모에 2^1, 2^2, 2^3, …… 을 더한 것이 다음 항의 분모가 된다.
- 앞의 항의 분자에 3^1, 3^2, 3^3, …… 을 더한 것이 다음 항의 분자가 된다.

따라서 $\dfrac{121+3^5}{33+2^5} = \dfrac{121+243}{33+32} = \dfrac{364}{65}$

---

2 ③

- 앞의 두 항의 분모를 곱한 것이 다음 항의 분모가 된다.
- 앞의 두 항의 분자를 더한 것이 다음 항의 분자가 된다.

따라서 $\dfrac{2+3}{6\times18} = \dfrac{5}{108}$

---

3 ④

홀수항과 짝수항을 따로 분리해서 생각하도록 한다.

홀수항은 분모 2의 분수형태로 변형시켜 보면 분자에서 -3씩 더해가고 있다.

$10 = \dfrac{20}{2} \rightarrow \dfrac{17}{2} \rightarrow 7 = \dfrac{14}{2} \rightarrow \dfrac{11}{2}$

짝수항 또한 분모 2의 분수형태로 변형시켜 보면 분자에서 $+5$씩 더해가고 있음을 알 수 있다.

$2 = \dfrac{4}{2} \rightarrow \dfrac{9}{2} \rightarrow 7 = \dfrac{14}{2} \rightarrow \dfrac{19}{2}$

---

4 ②

첫 번째 수를 두 번째 수로 나눈 후 그 몫에 1을 더하고 있다.

$20\div10+1=3$, $30\div5+1=7$, $40\div5+1=9$

---

5 ④

첫 번째 수와 두 번째 수를 더한 후 두 번째 수를 곱하면 세 번째 수가 된다.

$(1+2)\times2=6$, $(2+3)\times3=15$, $(3+4)\times4=28$

6 ①

직사각형의 넓이는 $1 \times 2 = 2$이다. 정사각형은 네 변의 길이가 모두 동일하므로 한 변의 길이를 x라고 할 때, $x^2 = 2$이므로 $x = \sqrt{2}$이다.

---

7 ④

피자 1판의 가격을 x, 치킨 1마리의 가격을 y라고 할 때, 피자 1판의 가격이 치킨 1마리의 가격의 2배이므로 $x = 2y$가 성립한다.

피자 3판과 치킨 2마리의 가격의 합이 80,000원이므로, $3x + 2y = 80,000$이고

여기에 $x = 2y$를 대입하면 $8y = 80,000$이므로 $y = 10,000$, $x = 20,000$이다.

---

8 ②

현재 아버지의 나이를 x라 하면, 어머니의 나이는

$\dfrac{4}{5}x$

2년 후 아들과 어머니의 나이의 조건을 살펴보면

$\left(\dfrac{4}{5}x + 2\right) + \left\{\dfrac{1}{3}(x+2)\right\} = 65$

$x = 55$

아버지의 나이는 55세, 어머니는 44세, 아들은 17세이므로

$55 + 44 + 17 = 116$

---

9 ③

처음 소금의 양을 x라 하면

농도 $= \dfrac{\text{소금의 양}}{\text{소금물의 양}} \times 100$이므로

소금물 300g에서 물 110g을 증발시킨 후 소금 10g을 더 넣은 농도 = 처음 농도의 2배

$\dfrac{x+10}{300 - 110 + 10} \times 100 = 2 \times \dfrac{x}{300} \times 100$

$x = 30$

처음 소금의 양이 30g이므로 처음 소금물의 농도는 $\dfrac{30}{300} \times 100 = 10\%$

---

10 ④

P도시에서 Q도시로 가는 길은 3가지이고, Q도시에서 R도시로 가는 길은 2가지이므로, P도시를 출발하여 Q도시를 거쳐 R도시로 가는 방법은 $3 \times 2 = 6$가지이다.

11 ③

㉠ $1 \times 2^4 + 0 \times 2^3 + 0 \times 2^2 + 0 \times 2^1 + 1 \times 2^0 = 17$

㉡ $1 \times 5^3 + 2 \times 5^2 + 2 \times 5^1 + 0 \times 5^0 = 185$

∴ $17 + 185 = 202$

---

12 ①

걷는 속도를 분당 x라 하면

$30 \times 0.5 + 20 \times x = 19$

∴ $x = 0.2km$

---

13 ③

㉠ 평균 한 사람당 12,000원이므로 총 금액은 $12000 \times 7 = 84,000$원

㉡ 정수가 음료수 값까지 더 냈으므로 이 값을 제외한 금액은 $84000 - 24000 = 60,000$원

㉢ 친구 6명이서 나누어내므로, $60000 \div 6 = 10,000$원

---

14 ③

㉠ 분당 사용 요금을 x라 하면, $1500x = 135000$, $x = 90$원/min

㉡ 하루에 통화한 시간을 y라 하면, $90 \times y = 1800$, $y = 20$분

---

15 ①

남자의 평균 점수를 x라 하면,

$\dfrac{75x + 25 \times 76}{100} = 73$

∴ $x = 72$점

---

16 ③

물통의 용량을 1이라 할 때, A관은 시간당 $\dfrac{1}{5}$만큼, B관은 시간당 $\dfrac{1}{7}$만큼의 물이 채워진다.

처음 1시간은 A관만 사용하고, 이후의 시간은 A, B관 모두 사용하였으므로 이후의 시간을 t라 할 때,

$\dfrac{1}{5} + t\left(\dfrac{1}{5} + \dfrac{1}{7}\right) = 1$, $t = \dfrac{7}{3} = 2$시간 20분

∴ 물통이 가득 찰 때까지 걸리는 시간은 3시간 20분이다.

17 ④

$$\frac{12+x}{150+x}=\frac{31}{100}$$

$$\therefore x=50(g)$$

---

18 ②

작년 연봉을 x라 할 때,

$$1.2x+500=1.6x$$

$x=1,250$, 올해 연봉은 $1,250\times1.2=1,500$(만 원)

---

19 ①

십의 자리 숫자를 x, 일의 자리 숫자를 y라고 할 때,

$$x+y=11 \cdots \text{㉠}$$

$$3(10y+x)+5=10x+y \cdots \text{㉡}$$

㉡을 전개하여 정리하면 $-7x+29y=-5$이므로

㉠ $\times 7$ + ㉡을 계산하면 $36y=72$

따라서 $y=2$, $x=9$이다.

---

20 ③

누나의 나이를 x, 엄마의 나이를 y라 하면,

$$2(10+x)=y$$

$$3(x+3)=y+3$$

두 식을 연립하여 풀면,

$$x=14(세)$$

---

21 ②

2인 공동소유 주택은 $(1,571-1,434)\div1,434\times100=9.6\%$, 3인 공동소유 주택은 $(109-99)\div99\times100=10.1\%$의 증가율을 보이고 있으므로, 3인 공동소유 주택의 증가율이 더 높음을 알 수 있다.

① 2016년에는 $12,923\div14,521\times100=89\%$이며, 2017년에는 $13,217\div14,964\times100=88.3\%$로 2017년에 더 감소하였다.

③ $924\div971\times100=95.2\%$ → $1,004\div1,052\times100=95.4\%$로 증가하였다.

④ $(8,697-8,426)\div8,426\times100=3.2\%$로 3%를 넘고 있다.

22 ④

- 2012년에 우리나라 총 수입에서 칠레산 상품이 차지하는 비율이 두 번째로 낮은 상품 : 축산물

- 2003년 대비 2013년 축산물의 수입액 증가율 : $\dfrac{114{,}442-30{,}530}{30{,}530}\times100 ≒ 274.9\%$

---

23 ④

유소년 인구는 매년 지속적으로 감소하는 추이를 보이고 있으나, 생산연령 인구는 증가와 감소가 불규칙적으로 반복되는 추이를 보이고 있음을 알 수 있다.

① 1995년 5.9%를 시작으로 2017년 14.2%에 이르기까지 매년 꾸준히 증가하였다.

② 유소년 인구는 1995년, 생산연령 인구는 2015년, 고령 인구는 2017년에 가장 비중이 높다.

③ 2010년은 (16.2−19.1)÷19.1×100=−15.2%이며, 2015년은 (13.9−16.2)÷16.2×100=−14.2%가 되어, 2010년의 감소율이 2015년보다 더 크다.

---

24 ④

㉠ 오류를 바로 잡으면,

- '나'의 면적은 '다'와 동일하다.

  ∴ '나'의 면적=101(천 m²)

- '라'의 면적은 실제보다 '나'의 면적의 2배 값이 더해졌다.

  ∴ '라'의 면적=385−2×101=183(천 m²)

- '바'의 면적은 '가', '나', '다'의 면적 합보다 22(천 m²)이 크다.

  ∴ '바'의 면적=166+101+101+22=390(천 m²)

㉡ 따라서 7개 건축물 면적의 평균은 $\dfrac{166+101+101+183+195+390+158}{7} ≒ 184.9$(천 m²)

※ 수정된 자료

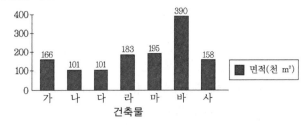

---

25 ③

- 총 학생의 평균 독서량은 을의 독서량의 3배이므로, 2×3=6권이 된다.

- 갑의 독서량을 x라 하면, $\dfrac{x+2+6+4+8+10}{6}=6$, ∴ $x=6$(권)

- 갑의 독서량이 전체에서 차지하는 비율 : $\dfrac{6}{6+2+6+4+8+10}\times100 ≒ 16.7\%$

26 ③

상반기의 업무용 열 판매량의 평균 판매량(143,792)은 하반기의 업무용 열 판매량의 평균 판매량(131,917)보다 많다.

① 8월의 경우 업무용 열 판매량이 주택용 열 판매량보다 많다.

② 8월 냉수용 열 판매량의 전월 대비 증가율($46,347 - 42,638 \div 42,638 \times 100 = 8.7\%$)은 공공용 열 판매량의 전월 대비 증가율($25,835 - 24,161 \div 24,161 \times 100 = 6.9\%$)보다 높다.

④ 하계기간 냉수용 열 판매량의 총합(118,251)은 동계기간 냉수용 열 판매량의 총합의 5배(128,710)를 넘지 않는다.

---

27 ②

Ⓐ	$90 \times 200 = 18,000$
Ⓑ	$70 \times 250 = 17,500$
Ⓒ	$60 \times 350 = 21,000$
Ⓓ	$50 \times 400 = 20,000$

---

28 ③

㉠ 100개(5세트)가 필요하다. 10만 원×5세트＝50만 원

㉡ 100개(4세트)가 필요하다. 15만 원×4세트＝60만 원

㉢ 50개(5세트)가 필요하다. 7만 원×5세트＝35만 원

㉣ 50개(5세트)가 필요하지만 40개(4세트)를 사면 단품 10개를 증정 받을 수 있다.

　　10만 원×4세트＝40만 원

∴ C 보호매트가 가장 저렴하다.

---

29 ④

갑씨가 선택할 수 있는 방법은 총 세 가지이다.

• 오늘 상·하의를 모두 구입하는 방법(추가할인적용)

　$(250,000 \times 0.7) \times 0.95 + 5,000 = 171,250$(원)

• 오늘 상의를 구입하고, 세일기간이 아닌 기간에 하의를 구입하는 방법(할인쿠폰사용)

　$(100,000 \times 0.7) + (150,000 \times 0.6) + 10,000 = 170,000$(원)

• 오늘 하의를 구입하고, 세일기간이 아닌 기간에 상의를 구입하는 방법(할인쿠폰사용)

　$(150,000 \times 0.7) + (100,000 \times 0.6) + 10,000 = 175,000$(원)

∴ ㉠ 가장 싸게 구입하는 방법은 오늘 상의를 구입하고, 세일기간이 아닌 기간에 하의를 구입하는 것이다.

　㉡ 상·하의를 가장 싸게 구입하면 17만 원의 비용이 소요된다.

30 ③

두 상품을 따로 경매한다면 A는 戊에게 50,000원에, B는 己에게 70,000원에 낙찰되므로 얻는 수입은 120,000원이다.

① 두 상품을 묶어서 경매한다면 최고가 입찰자는 己이다. 己가 낙찰 받는 금액은 110,000원으로 5% 할인을 해주어도 그 금액이 100,000원이 넘는다. 입찰자는 낙찰가의 총액이 100,000원을 초과할 경우 구매를 포기한다는 조건에 의해 己는 구매를 포기하게 되므로 낙찰자는 丙이 된다.

② 지헌이가 얻을 수 있는 예상 수입은 두 상품을 따로 경매할 경우 120,000원, 두 상품을 묶어서 경매할 경우 95,000원으로 동일하지 않다.

④ 입찰자는 낙찰가의 총액이 100,000원을 초과할 경우 구매를 포기한다.

1	①	2	①	3	②	4	①	5	④	6	②	7	①	8	②	9	③	10	④
11	④	12	④	13	②	14	③	15	②	16	①	17	④	18	②	19	③	20	①
21	②	22	③	23	③	24	③	25	②										

1 ①

만약 을의 예측이 맞고 병의 예측이 그르다고 한다면, 현구씨는 프랑스에 가고, 상민씨는 중국에 가는 것이 된다. 이렇게 되면 정의 예측은 그르다가 되고, 갑의 예측은 옳은 것이 된다.

만약 병의 예측이 맞고 을의 예측이 그르다고 한다면, 동근씨는 미국에 가게 되므로 정의 예측은 그르다가 된다. 그러면 갑, 을, 정의 예측이 모두 그르다가 되므로 조건이 성립되지 않는다.

정리를 하면, 갑의 예측은 옳은 것이므로 동근씨는 미국에 가고 현구씨는 프랑스에 가고, 상민씨는 중국에 간다.

2 ①

내용을 잘 읽어보면 '특정 행위 결과를 행위자가 의도했는가에 대한 사람들의 판단은 그 행위 결과의 도덕적 여부에 대한 판단에 의존한다'가 결론임을 알 수 있다.

ⓒ의 경우 부도덕한 의도를 가지고 부도덕한 결과를 낳는 행위는 위 지문에 나와 있지 않으므로 무관한 내용이다.

ⓒ의 경우 두 행위자가 동일한 부도덕한 결과를 의도했음이 분명한 경우에 대한 내용이 위 지문에서 찾을 수 없으므로 무관한 내용이다.

3 ②

• 착한 사람들 중에서 똑똑한 여자는 모두 인기가 많다. → 착함, 똑똑, 여자→인기 多
• 똑똑한 사람들 중에서 착한 남자는 모두 인기가 많다. → 똑똑, 착함, 남자→인기 多
• "인기가 많지 않지만 멋진 남자가 있다"라는 말은 거짓이다. → 멋진 남자→인기 多
• 영희는 멋지지 않지만 똑똑한 여자이다. → 멋지지 않음, 똑똑, 여자→영희
• 철수는 인기는 많지 않지만 착한 남자이다. → 인기 없음, 착함, 남자→철수→똑똑 못함
① 참 ② 거짓 ③ 참 ④ 참

4 ①

화재의 원인을 보는 견해를 정리해보면

- 화재의 원인이 새로 도입한 기계 M의 오작동이라면 → 기존에 같은 기계를 도입했던 X, Y공장에서 이미 화재가 났을 것이다. → 이미 X공장에서 화재가 났었다.
- 화재의 원인이 방화라면 → 감시카메라가 작동하고 수상한 사람이 찍히고 비상벨이 작동했을 것이다. → 비상벨이 작동했다면 경비원 갑이 B, C 지역 어느 곳으로도 화재가 확대되지 않도록 막았을 것이다. → B지역으로 화재가 확대되지 않았다. → 감시카메라에 수상한 사람이 포착되어 조사중이다.
- 화재의 원인이 시설 노후화로 인한 누전이라면 → 기기관리자 을 또는 시설관리자 병에게 책임이 있다. → 만약 을에게 책임이 있다면 정에게는 책임이 없다.

㉠ 이번 화재 전에 Y공장에서 화재가 발생했어도 기계 M의 오작동이 화재의 원인은 아닐 수 있다. → 오작동 아니라도 화재의 위험이 있으므로 참이다.

㉡ 병에게 책임이 없다면, 정에게도 책임이 없다. → 누전일 경우에만 해당되므로 거짓이다.

㉢ C지역으로 화재가 확대되었다면, 방화는 이번 화재의 원인이 아니다. → 방화는 아니므로 참이다.

㉣ 정에게 이번 화재의 책임이 있다면, 시설 노후화로 인한 누전이 이번 화재의 원인이다. → 누전이라는 사실이 도출되지 않으므로 거짓이다.

---

5 ④

글의 내용을 분석해 보면 철이, 돌이, 석이 중 적어도 한 사람은 영이를 좋아한다.

철이가 영이를 좋아한다면 영이는 건강한 여성이다.

돌이가 영이를 좋아한다면 영이는 능력 있는 사람이다.

석이가 영이를 좋아한다면 영이는 원만한 성격의 소유자이다.

① 참

② 참

③ 참

④ 거짓(철이와 돌이가 둘 다 좋아할 수도 있음)

⑤ 참

---

6 ②

제시된 내용은 하드 어프로치에 대한 설명이다.

① 소프트 어프로치 : 문제해결을 위해서 직접적인 표현보다는 무언가를 시사하거나 암시를 통하여 의사를 전달하여 문제해결을 도모하고자 한다.

③ 퍼실리테이션(facilitation) : 촉진을 의미하며 어떤 그룹이나 집단이 의사결정을 잘 하도록 도와주는 일을 의미한다.

④ 3C 분석 : 환경 분석 방법의 하나로 사업 환경을 구성하고 있는 요소인 자사(Company), 경쟁사(Competitor), 고객(Customer)을 분석하는 것이다.

7 ①

새로운 경쟁사들이 시장에 진입할 가능성은 경쟁사(Competitor) 분석에 들어가야 할 질문이다.

---

8 ②

후쿠오카공항(K13)역에서 나카스카와바타(K09)역까지 4개 역을 이동하는 데 12분이 걸리고, 공항선에서 하코자키선으로 환승하는 데 10분, 나카스카와바타(H01)역에서 지요겐초구치(H03)역까지 2개 역을 이동하는 데 6분이 걸린다. 따라서 후쿠오카공항(K13)역에서 오전 9시에 출발할 경우, 지요겐초구치(H03)역에는 28분 후인 9시 28분에 도착한다.

---

9 ③

지요겐초구치(H03) → 무로미(K02) → 후쿠오카공항(K13) → 자야미(N09) → 덴진미나미(N16)의 순으로 움직인다면, H03역에서 K02역으로 이동 할 때 1번, K02역에서 K13역으로 이동할 때 1번, K13역에서 N09역으로 이동할 때 1번으로, 총 3번 덴진(K08)역을 지난다.

---

10 ④

주어진 조건을 보면 관리과와 재무과에는 반드시 각각 5급이 1명씩 배정되고, 총무과에는 6급 2명이 배정된다. 인원수를 따져보면 홍보과에는 5급을 배정할 수 없기 때문에 6급이 2명 배정된다. 6급 4명 중에 C와 D는 총무과에 배정되므로 홍보과에 배정되는 사람은 E와 F이다. 각 과별로 배정되는 사람을 정리하면 다음과 같다.

관리과	A
홍보과	E, F
재무과	B
총무과	C, D

---

11 ④

두 번째 전제의 대우인 '동호회를 선호하는 사람은 책을 좋아하지 않는다.'와 세 번째 전제인 '나는 동호회를 선호한다.'를 유추해 볼 때 '나는 책을 좋아하지 않는다.'의 결론을 내릴 수 있다.

---

12 ④

현수막을 제작하기 위해서는 라, 다, 마가 선행되어야 한다. 따라서 세미나 기본계획 수립(2일) + 세미나 발표자 선정(1일) + 세미나 장소 선정(3일) = 최소한 6일이 소요된다.

13 ②

각 작업에 걸리는 시간을 모두 더하면 총 11일이다.

---

14 ③

⊙ a를 '을'팀이 맡는 경우 : 4개의 프로젝트를 맡은 팀이 2팀이라는 조건에 어긋난다. 따라서 a를 '을'팀이 맡을 수 없다.

갑	c, d, e	0→3개
을	a, b	1→3개
병		2→3개
정		2→3개
무		3→4개

○ f를 '갑'팀이 맡는 경우 : a, b를 '병'팀 혹은 '정'팀이 맡게 되는데 4개의 프로젝트를 맡은 팀이 2팀이라는 조건에 어긋난다. 따라서 f를 '갑'팀이 맡을 수 없다.

갑	f	0→1개
을	c, d, e	1→4개
병	a, b	2→4개
정		2→3개
무		3→4개

© a, b를 '갑'팀이 맡는 경우 기존에 수행하던 프로젝트를 포함해서 2개의 프로젝트를 맡게 된다.

갑	a, b	0→2개
을	c, d, e	1→4개
병		2→3개
정		2→3개
무		3→4개

---

15 ②

시제품 B는 C에 비해 독창성 점수가 2점 높지만 총점은 같다. 따라서 옳지 않은 발언이다.

---

16 ①

甲~戊가 먹은 사탕을 정리하면 다음과 같다.

구분	甲	乙	丙	丁	戊
맛	사과 + 딸기	사과	포도 or 딸기	포도 or 딸기	포도
개수	2개	1개	1개	1개	1개

17 ④

가팀, 다팀을 연결하는 방법은 2가지가 있는데.

㉠ 가팀과 나팀, 나팀과 다팀 연결 : 3 + 1 = 4시간

㉡ 가팀과 다팀 연결 : 6시간

즉, 1안이 더 적게 걸리므로 4시간이 답이 된다.

---

18 ②

다팀, 마팀을 연결하는 방법은 2가지가 있는데.

㉠ 다팀과 라팀, 라팀과 마팀 연결 : 3 + 1 = 4시간

㉡ 다팀과 마팀 연결 : 2시간

즉, 2안이 더 적게 걸리므로 2시간이 답이 된다.

---

19 ③

문제 지문과 조건으로 보아 가, 다의 자리는 정해져 있다.

가	다			

나는 라와 마 사이에 있으므로 다음과 같이 두 가지 경우가 있을 수 있다.

라	나	마
마	나	라

따라서 가가 맨 왼쪽에 서 있을 때, 나는 네 번째에 서 있게 된다.

---

20 ①

乙과 甲, 乙과 丙이 '동갑' 관계이고 甲과 丙이 '위아래' 관계이므로 甲, 乙, 丙의 관계는 '모호'하다.

---

21 ②

㉠ a = b = c = d = 25라면, 1시간당 수송해야 하는 관객의 수는 40,000 × 0.25 = 10,000명이다. 버스는 한 번에 대당 최대 40명의 관객을 수송하고 1시간에 10번 수송 가능하므로, 1시간 동안 1대의 버스가 수송할 수 있는 관객의 수는 400명이다. 따라서 10,000명의 관객을 수송하기 위해서는 최소 25대의 버스가 필요하다.

㉡ d = 40이라면, 공연 시작 1시간 전에 기차역에 도착하는 관객의 수는 16,000명이다. 16,000명을 1시간 동안 모두 수송하기 위해서는 최소 40대의 버스가 필요하다.

㉢ 공연이 끝난 후 2시간 이내에 전체 관객을 공연장에서 기차역까지 수송하려면 시간당 20,000명의 관객을 수송해야 한다. 따라서 회사에게 필요한 버스는 최소 50대이다.

22 ③

지원 구분에 따르면 모친상과 같은 경조사는 경조사 지원에 포함되어야 한다. 따라서 F의 구분이 잘못되었다.

23 ③

2017년 변경된 사내 복지 제도에 따르면 1인 가구 사원에게는 가~사 총 7동 중 가~다동이 지원된다.

24 ③

제시된 설문조사에는 광고 매체 선정에 참고할 만한 조사 내용이 포함되어 있지 않다. 따라서 ③은 이 설문조사의 목적으로 적합하지 않다.

25 ②

① 재원의 확보계획은 기본계획에 포함되어야 한다.
③ 환경부장관은 국가 폐기물을 적정하게 관리하기 위하여 10년마다 종합계획을 수립하여야 한다.
④ 시장·군수·구청장은 10년마다 관할 구역의 기본계획을 세워 도지사에게 제출하여야 한다.

1	④	2	③	3	②	4	④	5	①	6	②	7	③	8	③	9	②	10	①
11	④	12	③	13	④	14	④	15	①	16	③	17	④	18	④	19	②	20	③

1 ④

민수는 각 팀장들에게 프로젝트 성공 시 전원 진급을 약속하였지만 결국 그 약속을 이행하지 못했으므로 정답은 ④이다.

2 ③

① 유팀장은 스티커를 이용한 긍정적 강화법을 활용하였다.

② 유팀장은 지금까지 아무도 시도하지 못한 새로운 보안시스템을 개발해 보자고 제안하며 부하직원들에게 새로운 도전의 기회를 부여하였다.

④ 유팀장은 부하직원들에게 자율적으로 출퇴근할 수 있도록 하였고 사내에도 휴식공간을 만들어 자유롭게 이용토록 하는 등 업무환경의 변화를 두려워하지 않았다.

3 ②

현재 동신과 명섭의 팀에게 가장 필요한 능력은 팀워크능력이다.

4 ④

①②③ 전형적인 독재자 유형의 특징이다.

※ **파트너십 유형의 특징**
　　㉠ 평등
　　㉡ 집단의 비전
　　㉢ 책임 공유

5 ①

〈사례2〉에서 희진은 자신의 업무에 대해 책임감을 가지고 일을 했지만 〈사례1〉에 나오는 하나는 자신의 업무에 대한 책임감이 결여되어 있다.

6 ②

남성과 여성이 함께 에스컬레이터나 계단을 이용하여 위로 올라갈 때는 남성이 앞에 서고 여성이 뒤에 서도록 한다.

7 ③

조직구성원들이 신뢰를 가질 수 있는 카리스마와 함께 조직변화의 필요성을 인지하고 그러한 변화를 나타내기 위해 새로운 비전을 제시하는 능력을 갖춘 리더십을 말한다.

---

8 ③

변화에 소극적인 직원들을 성공적으로 이끌기 위한 방법
㉠ 개방적인 분위기를 조성한다.
㉡ 객관적인 자세를 유지한다.
㉢ 직원들의 감정을 세심하게 살핀다.
㉣ 변화의 긍정적인 면을 강조한다.
㉤ 변화에 적응할 시간을 준다.

---

9 ②

위의 사례에서 불만고객에 대한 대처가 늦어지고 그로 인해 항의가 잇따르고 있는 이유는 사소한 일조차 상부에 보고해 그 지시를 기다렸다가 해결하는 업무체계에 있다. 따라서 오부장은 어느 정도의 권한과 책임을 매장 직원들에게 위임하여 그들이 현장에서 바로 문제를 해결할 수 있도록 도와주어야 한다.

---

10 ①

T그룹에서 워크숍을 하는 이유는 직원들 간의 단합과 화합을 키우기 위해서이고 또한 각 부서의 장에게 나름대로의 재량권이 주어졌으므로 위의 사례에서 장부장이 할 수 있는 행동으로 가장 적절한 것은 ①번이다.

---

11 ④

대화를 보면 L사원의 팔로워십이 부족함을 알 수 있다. 팔로워십은 팀의 구성원으로서의 역할을 충실하게 잘 수행하는 능력을 말한다. L사원은 헌신, 전문성, 용기, 정직, 현명함을 갖추어야 하고 리더의 결점이 있으면 올바르게 지적하되 덮어주는 아량을 갖추어야 한다.

---

12 ③

리츠칼튼 호텔은 고객이 무언가를 물어보기 전에 고객이 원하는 것에 먼저 다가가는 것을 서비스 정신으로 삼고 있다. 기존 고객의 데이터베이스를 공유하여 고객이 원하는 서비스를 미리 제공할 수 있는 것이다.

---

13 ④

M과 K 사이의 갈등이 있음을 발견하게 되었으므로 즉각적으로 개입하여 중재를 하고 이를 해결하는 것이 리더의 대처방법이다.

14 ④

팀장인 K씨는 U씨에게 팀의 생산성에 영향을 미치는 내용을 상세히 설명하고 이 문제와 관련하여 해결책을 스스로 강구하도록 격려하여야 한다.

---

15 ①

위의 상황은 엄팀장이 팀원인 문식이에게 코칭을 하고 있는 상황이다. 따라서 코칭을 할 때 주의해야 할 점으로 옳지 않은 것을 고르면 된다.
① 지나치게 많은 정보와 지시로 직원들을 압도해서는 안 된다.
※ **코칭을 할 때 주의해야 할 점**
　　㉠ 시간을 명확히 알린다.
　　㉡ 목표를 확실히 밝힌다.
　　㉢ 핵심적인 질문으로 효과를 높인다.
　　㉣ 적극적으로 경청한다.
　　㉤ 반응을 이해하고 인정한다.
　　㉥ 직원 스스로 해결책을 찾도록 유도한다.
　　㉦ 코칭과정을 반복한다.
　　㉧ 인정할 만한 일은 확실히 인정한다.
　　㉨ 결과에 대한 후속 작업에 집중한다.

---

16 ③

인간관계에서 신뢰를 구축하는 방법(감정은행계좌를 정립하기 위한 예입 수단)
㉠ 상대방에 대한 이해와 양보
㉡ 사소한 일에 대한 관심
㉢ 약속의 이행
㉣ 칭찬하고 감사하는 마음
㉤ 언행일치
㉥ 진지한 사과

---

17 ④

나팀장의 팀원들은 매일 과도한 업무로 인해 스트레스가 쌓인 상태이므로 잠시 일상에서 벗어나 새롭게 기분전환을 할 수 있도록 배려해야 한다. 그러기 위해서는 조용한 숲길을 걷는다든지, 약간의 수면을 취한다든지, 사우나를 하면서 몸을 푸는 것도 좋은 방법이 될 수 있다.

18 ④

구성원으로 하여금 집단에 머물도록 만들고, 그 집단에 계속 남아 있기를 원하게 만드는 힘은 응집력이다.

---

19 ②

갈등은 문제 해결보다 승리를 중시하는 태도에서 증폭된다.

---

20 ③

갈등해결방법의 유형

ⓐ **회피형** : 자신과 상대방에 대한 관심이 모두 낮은 경우(나도 지고 너도 지는 방법)

ⓑ **경쟁형** : 자신에 대한 관심은 높고 상대방에 대한 관심은 낮은 경우(나는 이기고 너는 지는 방법)

ⓒ **수용형** : 자신에 대한 관심은 낮고 상대방에 대한 관심은 높은 경우(나는 지고 너는 이기는 방법)

ⓓ **타협형** : 자신에 대한 관심과 상대방에 대한 관심이 중간정도인 경우(타협적으로 주고받는 방법)

ⓔ **통합형** : 자신은 물론 상대방에 대한 관심이 모두 높은 경우(나도 이기고 너도 이기는 방법)

1	③	2	②	3	④	4	④	5	②	6	③	7	④	8	①	9	④	10	①
11	②	12	③	13	②	14	④	15	②	16	④	17	③	18	②	19	③	20	①

1 ③

사회적으로 문제가 되는 공직자의 비리, 부정부패는 책임 윤리의 부재에서 비롯된 것이다. 이러한 문제를 해결하기 위해서는 사회적 지위에 맞게 역할을 수행해야 한다는 정명(正名) 정신이 필요하다.

2 ②

제시문은 기업이 이윤 추구뿐만 아니라 사회적 책임에 대해서 관심을 가져야 한다고 보고 있는 입장이다. 따라서 기업은 이윤을 얻기 위한 활동과 함께 사회의 공익을 증진할 수 있는 활동도 실천해야 한다.

3 ④

청렴은 성품과 행실이 고결하고 탐욕이 없다는 뜻으로 국민의 봉사자인 공직자가 지녀야 할 중요한 덕목이다. 공직자는 어떠한 상황에서도 사익을 배제하고 공명정대하게 행동해야 한다.

4 ④

㉠ 직업은 명예와 부를 획득하기 위한 수단적 행위로 보기 어렵다.
㉢ 예를 통해 나누어지는 사회적 역할을 강조하는 것은 주어진 상황의 A에 대한 조언으로 알맞지 않다.

5 ②

용건을 마치면 인사를 하고 상대가 끊었는지를 확인한 후에 끊어야 한다.

6 ③

㉣ 주어진 내용은 직업윤리의 일반성과는 거리가 멀다. 사회구조의 변화와 정보 사회로의 진전에 따른 전문 직종의 증가와 분화로 해당 직업의 특성에 알맞은 윤리가 요구되고 있는데, 이를 직업윤리의 특수성이라 한다. 특수한 윤리가 필요한 직업은 점점 늘어나고 있는 추세이나 이런 특수성은 보편적인 윤리의 토대 위에 정립되어야 한다.

7 ④

명장은 자신의 재능을 기부하여 지역 주민의 삶을 풍요롭게 하는 등 사회적 책임감을 수행하는 사람이다.

8 ①

의사와 교사는 자신의 직업 생활을 통해 인간에 대한 사랑을 실천하고 희생과 헌신 속에서 보람을 느끼는 삶을 살았다.

---

9 ④

㈎는 공직자들이 갖추어야 할 덕목의 하나로 청렴을 강조한 내용이다. 공직자는 국민보다 우월한 지위를 가지므로, 그런 권위와 권한을 이용하여 사익을 추구하려는 유혹에 빠질 수 있기 때문이다. 따라서 ㈏의 공무원 A에게는 업무 수행에서 얻은 정보는 공동선을 위해 사용해야 한다는 충고가 알맞다.

---

10 ①

기업윤리와 직장생활의 안정을 도모하기 위해 동료에게 나의 아이디어였음을 솔직히 말하라고 설득하는 것이 가장 적절하다.

---

11 ②

A가 직장에서 사적인 업무로 컴퓨터를 사용하고, 업무시간에 개인적인 용무를 보는 행위는 직업윤리에 어긋난다.

---

12 ③

직업윤리에 어긋나지 않는 선에서 동료에게 먼저 양해를 구하고, 회사의 합법적인 절차에 따라 자신이 추천받을 수 있는 방법을 모색하는 것이 가장 적절하다.

---

13 ②

개인적인 감정은 되도록 배제하면서 알고 있는 사실과 현재의 상황에 대해 설명하고 불편함을 개선해나가는 것은 직업윤리에 어긋나지 않는다.

---

14 ④

가까운 동료가 가지고 있는 어려움을 파악하여 스스로 원만한 해결을 이룰 수 있도록 돕는 것이 가장 적절하다.

---

15 ②

자신이 처한 상황에 대한 판단이 우선시 되어야 하며, 혼자서 해결하기 어려운 업무에 대해서는 상사에게 문의하여 조언을 얻거나 도움을 받을 수 있는 방법을 찾는 것이 적절하다.

16 ④

계열사 또는 협력업체와의 관계는 일방적이기보다는 상호보완적인 형태가 바람직하다. 따라서 협력업체 현장 담당자에게 작업지침에 대한 사항을 문의하고 해결방안을 찾도록 하는 것이 적절하다.

---

17 ③

① 구매부서 팀장에게 직접 항의하거나 협박하는 것보다는 직원을 먼저 설득하는 것이 바람직하다.

② 설령 저가의 부품을 사용하더라도 클라이언트에게 알리지 않는 것은 바람직하지 않다.

④ 비록 다른 부서의 부당한 업무행위이더라도 아무런 절차 없이 상부에 그대로 보고하는 것은 바람직하지 못하다.

---

18 ②

엘리베이터에서는 버튼 대각선 방향의 뒤 쪽이 상석이 된다.

---

19 ③

가능한 한 회사 기밀이 유출되지 않는 방법으로 해결하는 것이 가장 바람직하다. 아무리 사적으로 친하고 정이 있다고 하여도 기업과 개인을 비교하는 것은 그 기준이 다르므로 함부로 회사 기밀을 유출하는 것은 올바르지 못하다. 따라서 주변에 조언을 구하여 사적인 관계가 무너지지 않도록 원만히 해결해야 한다.

---

20 ①

높은 직급의 간부로서 이행해야 하는 불편하고 번거로운 지시사항에 대해 불만스러움이 있는 상황이므로 이를 해결해줄 수 있는 조언으로 적절한 것은 ①이다.

06 강원랜드 기업문제

| 1 | ② | 2 | ① | 3 | ③ | 4 | ③ | 5 | ④ | 6 | ① | 7 | ② | 8 | ① | 9 | ② | 10 | ③ |
| 11 | ③ | 12 | ② | 13 | ③ | 14 | ② | 15 | ③ | 16 | ③ | 17 | ③ | 18 | ③ | 19 | ④ | 20 | ① |

1 ②
단순한 이윤추구가 아닌 지역발전이라는 회사의 창립 이념을 이해하고 몸소 실천할 수 있는 주인의식을 갖춘 인재를 필요로 한다.

2 ①
① 개인이 담당하는 분야에서 전문적인 능력을 특화 시킬 수 있도록 인재를 개발하는데 중점을 두고 있다.

3 ③
강원랜드의 핵심가치는 존중, 윤리, 안전, 효율, 도전이다.

4 ③
강원랜드의 경영방침은 가치혁신, 상생추구, 변화선도이다.

5 ④
카지노의 출입 연령은 법적으로 만 19세 이상으로 정해져 있다.

6 ①
미래 혁신경영으로 미래 수익사업의 다각화가 필요하다.

7 ②
①③ 변화선도에 해당하는 내용이다.
④ 가치혁신에 해당하는 내용이다.

8 ①
① 윤리
② 도전
③ 존중

9 ②

부패취약분야는 자율적 통제에 맡기는 것이 아니라 관리제도를 더욱더 강화해야 한다.

---

10 ③

① 전미도박문제 위원회
② 한국도박문제관리센터
③ 강원랜드중독관리센터
④ 한국인터넷진흥원

---

11 ③

도박의 동기
• 돈추구 : 게임을 통한 금전적 이익 추구 또는 본전을 되찾고자 하는 생각
• 대인관계 : 지인이나 친구 등과의 사교생활 목적에서 오는 경우
• 흥분추구 : 게임할 때 느끼는 스릴, 긴장감, 쾌감, 짜릿함 등의 추구
• 오락 : 게임행위 자체에 대한 호기심 및 즐거움의 추구
• 회피추구 : 일상생활의 스트레스 해소나 어려움을 회피하는 행동

---

12 ②

사교적 도박은 일상의 균형을 깨뜨리지 않는 한계 내에서 도박을 스스로 조절하며 즐긴다.

---

13 ③

도박 중독의 행동특성
• 집착 : 과거 도박을 했을때 위로나 안도감에 집착한다.
• 내성 : 도박에 베팅하는 돈과 도박에 쏟는 시간이 늘어난다.
• 금단증상 : 도박을 줄이거나 중지했을 때, 심리적, 신체적 불안과 긴장을 느낀다.
• 도피 : 무기력, 죄책감, 불안, 우울 등 현실적 도피수단으로 도박을 이용한다.
• 본전회복시도 : 도박으로 잃은 돈을 만회하기 위해 또 도박을 한다.
• 거짓말 : 도박하는 것을 주변인들에게 숨기기위해 거짓말을 한다.
• 채무 문제 발생 : 도박으로 인해 악화된 경제 상태를 탈출하기 위해 주변에 도와달라고 요청을 한다.
• 부정적 결과 : 도박하는 것을 주변인들에게 숨기기위해 거짓말을 한다.
• 통제력 상실 : 도박행위를 조절하거나, 줄이고, 그만두는 것에 실패한다.

14 ②

건전게임지킴이 : 카지노 고객 및 직원들의 도박중독에 대한 예방 및 도박문제에 대한 사각지대 최소화를 위해 모니터링 시스템(Monitering system)으로 카지노 부작용에 대한 적극적인 대처와 책임도박 문화조성을 구축하여 선도적, 긍정적 회사 이미지 제고에 기여하고자 함

---

15 ③

③ 카지노 출입일수 조절은 치료가 아닌 예방하기 위한 제도이다.

---

16 ③

강원랜드 중독관리센터(KLACC)에서는 카지노 출입 고객의 증대가 아닌 도박과 겜블에 대한 올바른 이해와 건강한 향유 문화에 대한 소개 등으로 건전한 게임 문화 정착 기반을 마련하려고 노력한다.

---

17 ③

도박 중독의 진행과정은 승리단계 → 패배단계 → 절망단계 → 포기단계이다.

---

18 ③

③ 승리에 대한 과장을 하는 단계는 패배단계이다.

---

19 ④

건전게임지킴이는 도박중독의 예방과 도박문제에 대한 모니터링 시스템이며 영업장에서 위험고객을 발견해 사전상담 후 전문위원에게 연계하는 도박중독 사전예방 프로그램이다.

---

20 ①

① 도박 중독 전화 상담 지원은 사회로의 복귀 및 재활하기 위한 지원제도가 아닌 도박 중독 상태진단을 위한 지원이다.

1	①	2	③	3	③	4	①	5	②	6	②	7	④	8	④	9	②	10	①
11	③	12	③	13	④	14	②	15	③	16	①	17	④	18	③	19	①	20	④
21	②	22	①	23	③	24	①	25	③	26	④	27	④	28	②	29	③	30	③
31	①	32	③	33	④	34	③	35	②	36	②	37	③	38	①	39	④	40	④
41	④	42	④	43	①	44	②	45	③	46	③	47	④	48	④	49	①	50	②

1 ①

부여의 사회 모습을 보여주는 사료이다. 부여는 왕 아래에 가축의 이름을 딴 마가, 우가, 저가, 구가라는 부족 장이 존재하였으며 이들은 사출도를 다스렸다. 이들은 왕을 선출하기도 하고 흉년이 들면 왕에게 책임을 묻기 도 하였다.

2 ③

신라 신문왕의 개혁 내용이다. 신문왕은 전제 왕권 강화를 위해 국학 설립, 관료전 지급, 9주 5소경 체제 등을 추진하였다. 그리고 귀족이 조세를 수취하고 노동력을 징발할 수 있는 녹읍을 폐지함으로써 귀족 세력의 경제 적 기반을 약화시켰다.

3 ③

수원 화성은 조선 후기 정조 때에 축조되었다. 정조는 수원 화성을 정치·군사·경제적 기능을 갖춘 새로운 도시로 육성하고자 하였다. 또한 수원 화성의 축조에는 중국을 통해 들어온 서양 과학 기술이 활용되었는데, 특히 정약용이 만든 거중기가 사용되어 건축 기간이 단축되었다. 수원 화성은 1997년 유네스코 세계문화유산 으로 지정되었다.

4 ①

고려의 대외관계 주요 사건 순서
서희의 외교담판 → 귀주대첩 → 천리장성 축조 → 별무반 편성 → 동북 9성 축조 → 몽골 침입 → 강화도 천도 → 삼별초 항쟁 → 쌍성총관부 수복

5 ②

지눌은 무신 정권 성립 이후 불교계가 타락하자 정혜결사(수선사)를 조직하여 신앙 결사 운동을 전개하였다. 이러한 결사 운동은 이후 조계종으로 발전하였다. 교종의 입장에서 선종을 통합한 의천과 달리, 지눌은 선종을 중심으로 교종을 포용하는 선·교 일치의 사상 체계를 정립하였다.

---

6 ②

귀주대첩(1019) → 이자겸의 난(1126) → 무신정변(1170) → 개경환도(1270) → 위화도회군(1388)

---

7 ④

벽란도는 고려 때의 국제 무역항이다. 개경에 가까운 예성강은 물이 비교적 깊어 강어귀에서 약 20리 되는 벽란도까지 큰 배가 올라갈 수 있었으며, 송(宋)·왜(倭)·사라센(Sarasen) 등의 상인들이 그칠 사이 없이 드나들었다.

---

8 ④

앙부일구는 해시계로 종로 등에 설치하여 오가는 사람에게 시간을 알려주었다. 세종은 집현전 학자들과 함께 훈민정음을 창제하여 민족 문화를 발전시켰다.

---

9 ②

고구려는 5부족 연맹체를 토대로 발전하였다. 왕 아래 상가, 고추가 등의 대가가 존재하였으며, 이들은 독자적인 세력을 유지하였다. 국가의 중대사는 제가회의를 통해 결정하였으며, 10월에는 추수감사제인 동맹이 열렸고 데릴사위제가 행해졌다.

---

10 ①

제시된 내용은 신라의 승려인 원효에 대한 내용이다. 원효는 화쟁 사상을 중심으로 불교의 대중화에 힘쓴 인물이다.

---

11 ③

무오사화(1498) - 갑자사화(1504) - 기묘사화(1519) - 을사사화(1545)

---

12 ③

삼별초 항쟁(1270년) → 병자호란(1636년) → 갑오개혁(1894년) → 한글 창제(1910년) → 3·1운동(1919년)

13 ④

김홍도는 서민을 주인공으로 하여 밭갈이, 추수, 집짓기, 대장간 등 주로 농촌의 생활상을 그리면서 땀 흘려 일하는 사람들의 일상생활을 소박하고 익살맞게 묘사하였다.

---

14 ②

창덕궁은 정궁인 경복궁보다 오히려 더 많이 쓰인 궁궐이다. 임진왜란 때 소실된 이후 다시 지어졌고, 1868년 경복궁이 다시 지어질 때까지 경복궁의 역할을 대체하여 임금이 거처하며 나라를 다스리는 정궁 역할을 하였다. 건축사에 있어 조선시대 궁궐의 한 전형을 보여 주며, 후원의 조경은 우리나라의 대표적인 왕실 정원으로서 가치가 높다.

---

15 ③

신진사대부는 권문세족에 도전하는 고려 후기의 새로운 사회세력으로 유교적 소양이 높고, 행정실무에도 밝은 학자 출신의 관료이다.

---

16 ①

A. 유관순(1902. 12. 16 ~ 1920. 9. 28)
B. 김유신(595 ~ 673)
C. 왕건(877 ~ 943)
D. 정약용(1762. 6. 16 ~ 1836. 2. 22)
E. 허준(1539 ~ 1615)

---

17 ④

직지심체요절은 고려 승려 경한이 선의 요체를 깨닫는 데 필요한 내용을 뽑아 엮은 책으로 상하 2권으로 되어 있다. 정식 서명은 백운화상초록불조직지심체요절이고, 간략하게 직지심체요절이라고 한다. 내용은 경덕전등록·선문염송 등의 사전 관계 문헌을 섭렵하여 역대의 여러 부처를 비롯한 조사와 고승들의 게·송·찬·명·서·시·법어·설법 등에서 선의 요체를 깨닫는 데 긴요한 것을 초록하여 편찬한 것이다.

18 ③

A. **고조선** : BC 108년까지 요동과 한반도 서북부 지역에 존재한 한국 최초의 국가
B. **발해** : 698년에 고구려의 장수였던 대조영이 고구려의 유민과 말갈족을 거느리고 동모산에 도읍하여 세운 나라. 수도는 건국 초기를 제외하고 상경 용천부에 두고 '해동성국'이라 불릴 만큼 국세를 떨쳤으나 926년 요나라에 멸망
C. **백제** : 서기전 18년에 부여족 계통인 온조집단에 의해 현재의 서울 지역을 중심으로 건국되었다. 4세기 중반에는 북으로 황해도에서부터 경기도·충청도·전라도 일대를 영역으로 하여 전성기를 누렸다. 그러나 660년에 나당연합군에 의해 멸망
D. **고려** : 918년에 왕건이 궁예를 내쫓고 개성에 도읍하여 세운 나라. 후삼국을 통일한 왕조로 불교와 유학을 숭상하였고, 문종 때 문물이 가장 발달하였으나 무신의 난 이후 외부의 침입에 시달리다가 1392년에 이성계에 의하여 멸망
E. **조선** : 이성계가 고려를 멸망시키고 건국한 나라이며 1392년부터 1910년까지 한반도를 통치

---

19 ①

팔만대장경은 고려 고종 23년(1236)부터 38년(1251)까지 16년에 걸쳐 완성한 대장경으로 부처의 힘으로 외적을 물리치기 위해 만들었으며, 경판의 수가 8만 1,258판에 이르며, 현재 합천 해인사에서 보관하고 있다

---

20 ④

이순신 장군의 해전 순서

㉠ **옥포해전**(1592. 5. 7) : 이순신장군이 지휘하는 조선수군이 임진왜란이 일어난 후 거둔 첫 승리, 왜선 42척 격파(옥포, 합포, 적진포)
㉡ **사천해전**(1592. 5. 29) : 거북선이 처음으로 실전 투입 활약한 해전, 왜선 13척 격파
㉢ **당포해전**(1592. 6. 2) : 사천해전에 이어 두 번째로 거북선을 앞세운 전투, 왜선 21척 격파
㉣ **한산대첩**(1592. 7. 8) : 이순신 장군이 출전한 해전 중 가장 유명한 해전으로 학날개전법을 사용해 왜선을 모두소탕
㉤ **부산포해전**(1592. 9. 1) : 부산포에서 왜선 430여척과 싸운 해전, 왜선 100여척 격파
㉥ **명량해전**(1597. 9. 16) : 백의종군에서 풀려나 통제사로 돌아온 이순신장군이 단 13척이 배를 이끌고 왜선 330척과 맞서 싸운 해전, 왜선 133척을 격파
㉦ **노량해전**(1598. 11. 19) : 조선수군과 일본함대가 벌인 마지막 해전, 전투는 승리하였으나 이순신 장군은 왜군의 총탄에 전사하였으며 "나의 죽음을 알리지 말라"며 아군의 사기를 떨어뜨리지 않음

21 ②

최씨 무신정권의 사병으로 좌별초(左別抄)·우별초(右別抄)·신의군(神義軍)을 말한다. 삼별초는 경찰·전투 등 공적 임무를 수행했으므로 공적인 군대에 준한다.

---

22 ①

동학은 1860년 최제우가 창시한 민족 종교로 기일원론과 후천개벽 사상, 인내천 사상을 특징으로 한다. 2대 교주인 최시형이 교단과 교리를 체계화하였다. 1894년 농민전쟁에 큰 영향을 끼쳤으며, 1905년 천도교로 개칭하였다.

---

23 ③

고조선은 우리나라 최초의 국가. 기원전 2333년 무렵에 단군왕검이 세운 나라로, 중국의 요동과 한반도 서북부 지역에 자리 잡았으며, 위만이 집권한 이후 강력한 국가로 성장하였으나 기원전 108년에 중국 한나라에 의해 멸망하였다.

---

24 ①

골품제는 출신성분에 따라 골(骨)과 품(品)으로 등급을 나누는 신라의 신분제도로, 개인의 혈통의 높고 낮음에 따라 정치적인 출세는 물론, 혼인, 가옥의 규모, 의복의 빛깔, 우마차의 장식에 이르기까지 사회생활 전반에 걸쳐 여러 가지 특권과 제약이 가해졌다. 세습적인 성격이나 제도 자체의 엄격성으로 보아, 흔히 인도의 카스트제도와 비교되고 있다.

---

25 ③

제너럴 셔먼호 사건(1866) – 병인양요(1866) – 오페르트 남연군 묘 도굴 미수 사건(1868) – 신미양요(1871) – 척화비 건립

---

26 ④

D. 4·19 혁명(1960)은 3·15 부정선거를 원인으로 이승만 독재 정치 타도를 위해 일어난 민주혁명이다.
C. 유신헌법 공포(1972)는 박정희 정부 때 대통령에게 초법적 권한을 부여한 권위주의적 체제이다.
A. 5·18 민주화 운동(1980)은 10·26 사태 이후 등장한 신군부에 저항한 운동이다.
B. 6월 민주 항쟁(1987)은 전두환 정권 때 대통령 직선제 개헌을 요구하며 일어난 민주화 운동이다.

27 ④

태조 이성계는 국호를 조선으로 짓고, 수도를 한양으로 옮겼으며, 정도전의 도움으로 조선의 기틀을 마련하였으며 과거제를 강화하고 중앙집권적 국가를 만들었다. 하지만 세자 책봉 과정에서 실수를 저질러 이방원의 난이 일어나는 계기를 만들었다.

---

28 ②

아관파천은 을미사변 이후 고종과 왕세자가 1896년부터 1년간 러시아 공사관에서 거처한 사건으로 친러파 정부가 구성되었다. 이로 인해 러시아는 압록강과 울릉도의 삼림채벌권 및 여러 경제적 이권을 요구하였고 다른 서구 열강들도 최혜국 조항을 들어 이권을 요구하였다. 이후 고종은 러시아의 영향에서 벗어날 것을 요구하는 내외의 주장에 따라 환궁하고 광무개혁을 추진하였다.

---

29 ③

세도정치는 조선 후기 국왕이 총애하는 신하나 외척이 실권을 장악하고 행한 변태적 정치형태로, 원래 세도란 세상을 다스리는 커다란 도라는 뜻으로, 세도정치는 국왕이 인격과 학식·덕망이 높은 사람에게 높은 관직을 주어 우대함으로써 세상을 올바르게 다스리고 인심을 바로잡기 위해 행하는 정치를 뜻하는 말이었다. 그러나 일반적으로 세도정치란 정조 이후 신하들이 정권을 장악해 권세를 부리며 멋대로 행한 정치를 뜻한다.

---

30 ③

백제는 기원전 18년 고구려에서 내려온 유이민들이 한강 근처의 위례성에 자리 잡고 세운 나라로, 마한의 한 나라인 '백제국'으로부터 시작하였다.

---

31 ①

박제가는 18세기 후기의 대표적인 조선 실학자로, 북학의를 저술하여 청나라 문물의 적극적 수용을 주장하였다. 또한 절약보다 소비를 권장하여 생산의 자극을 유도하였으며 수레와 선박의 이용, 상공업의 발달을 주장하였다.

---

32 ③

선덕여왕은 신라 최초의 여왕이자 신라 27대 임금으로, 성은 김, 이름은 덕만이다. 호는 성조황고이며 26대 진평왕의 맏딸이다. 634년 연호를 인평이라 고치고, 여러 차례에 걸쳐 백제·고구려와의 분쟁을 겪었으나 내정에 힘써 선정을 베풀고, 자장 법사를 당에 보내어 불법을 들여왔으며 황룡사 구층탑·첨성대 등의 문화적 업적을 이룩하였다. 재위기간은 632 ~ 647년이다.

33 ④

광종은 고려 제4대 왕(재위 949 ~ 975)으로, 태조의 넷째 아들이며 정종의 친동생이다. 노비안검법과 과거제를 실시하는 등 개혁정책을 통해 많은 치적을 쌓았다.

---

34 ③

가야는 기원 전후부터 562년까지 낙동강 하류지역에 있던 여러 국가들의 연맹 왕국 또는 그 지역에 위치한 각 국가들의 명칭이다. 가야는 낙동강 하류의 변한 땅에서 여러 작은 나라들이 가야 연맹 왕국을 성립한 것이며, 연맹 왕국이란 여러 마을로 이루어진 작은 국가들이 하나의 우두머리 국가를 중심으로 연맹체를 이룬 국가를 말한다.

---

35 ②

발해는 698년에 고구려의 장수였던 대조영이 고구려의 유민과 말갈족을 거느리고 동모산에 도읍하여 세운 나라이다. 수도는 건국 초기를 제외하고 상경 용천부에 두고 '해동성국'이라 불릴 만큼 국세를 떨쳤으나 926년 요나라에 의해 멸망하였다.

---

36 ②

포석정은 경상북도 경주시 배동에 있는 통일신라시대의 정원 시설물이다. 돌로 구불구불한 도랑을 타원형으로 만들고 그 도랑을 따라 물이 흐르게 만든 것으로서, 신라귀족들은 이 물줄기의 둘레에 둘러앉아 흐르는 물에 잔을 띄우고 시를 읊으며 화려한 연회를 벌였다. 기록상으로는 880년대에 신라 헌강왕이 이곳에서 놀았다는 것이 처음 나타나나, 7세기 이전부터 만들어졌던 것으로 추측된다. 927년 11월 신라 경애왕이 이곳에서 화려한 연회를 벌이던 중 뜻하지 않은 후백제군의 공격을 받아 잡혀죽었다고 전하는 곳이다.

---

37 ③

소수림왕은 고구려의 제17대 왕으로, 재위 기간은 371~384년이다. 불교를 도입하고, 태학을 설립하였으며 율령을 반포하는 등 국가 체제를 정비하여 5세기 고구려 전성기의 기틀을 마련하였다.

---

38 ①

경국대전은 조선시대에 나라를 다스리는 기준이 된 최고의 법전으로, 세조 때 최항, 노사신, 강희맹 등이 집필을 시작하여 성종 7년(1476년)에 완성하고, 16년(1485년)에 펴냈다.

39 ④

칠지도는 백제 왕세자가 왜왕에게 하사한 철제 칼로, 길이 75cm 정도의 곧은 칼에 몸체 좌우로 3개씩 가지 모양이 엇갈린 배열로 나와 있다. 때문에 모두 7개의 칼날을 이루고 있어 칠지도라 이름 붙여졌다. 일본 나라현의 이소노카미 신궁에 소장되어 있으며 1953년에 일본 국보로 지정되었다. 우리나라에는 칠지도에 관한 특별한 기록이 없으나, 일본에서 만든 일본서기에 '백제가 일본에 하사하였다.'라고 기록되어 있다. 4세기 후반 근초고왕 때 일본으로 전해진 것으로 보이며 뛰어난 백제의 제철 기술을 알 수 있다.

---

40 ③

9서당은 신라의 중앙에 배치된 9개 부대이다. 통일 이후 수도의 방어와 치안을 맡은 핵심적 중앙군단을 말한다. 통일 이전인 진평왕 때 녹금서당(신라인)·자금서당(신라인) 등 2개의 서당이 조직되었는데, 통일이후 문무왕 때 백금서당(백제인)·비금서당(신라인)이 설치되고, 신문왕 때 황금서당(고구려인)·흑금서당(말갈인)·벽금서당(보덕국인)·적금서당(보덕국인)과 청금서당(백제인)이 추가되어 9서당으로 완성되었다.

---

41 ④

백제 말기의 장군으로, 나당연합군이 백제를 공격하자 군사 5,000명을 이끌고 출전하여 황산벌에서 신라 김유신의 군대와 맞서 네 차례나 격파하였다.

---

42 ④

세속오계는 원광이 수나라에서 구법하고 귀국한 후, 화랑 귀산과 추항이 찾아가 일생을 두고 경계할 금언을 청하자, 원광이 이 오계를 주었다고 한다. 사군이충(事君以忠 : 충성으로써 임금을 섬긴다)·사친이효(事親以孝 : 효도로써 어버이를 섬긴다)·교우이신(交友以信 : 믿음으로써 벗을 사귄다)·임전무퇴(臨戰無退 : 싸움에 임해서는 물러남이 없다)·살생유택(殺生有擇 : 산 것을 죽임에는 가림이 있다)이다. 이는 뒤에 화랑도의 신조가 되어 화랑도가 크게 발전하고 삼국통일의 기초를 이룩하게 하는 데 크게 기여하였다.

---

43 ①

을지문덕은 고구려 26대 영양왕 때의 장수로, 계루부 출신의 귀족이다. 지략과 무용에 뛰어났고 시문에도 능했다. 영양왕 23년(612)에 수양제가 거느린 수나라 군사 200만을 살수에서 전멸시켰다.

44 ②

민화는 정통회화의 조류를 모방하여 생활공간의 장식을 위해, 또는 민속적인 관습에 따라 제작된 실용화를 말한다. 조선 후기 서민층에게 유행하였으며, 이규경의 오주연문장전산고에는 이를 속화라 하고, 여염집의 병풍·족자·벽에 붙인다고 하였다. 대부분이 정식 그림교육을 받지 못한 무명화가나 떠돌이화가들이 그렸으며, 서민들의 일상생활양식과 관습 등의 항상성에 바탕을 두고 발전하였기 때문에 창의성보다는 되풀이하여 그려져 형식화한 유형에 따라 인습적으로 계승되었다. 따라서 민화는 정통회화에 비해 수준과 시대 차이가 더 심하다. 민화는 장식장소와 용도에 따라 종류를 달리하는데 이를 화목별로 분류하면 화조영모도·어해도·작호도·십장생도·산수도·풍속도·고사도·문자도·책가도·무속도 등이 있다.

---

45 ③

화랑도는 신라 때에 있었던 화랑의 무리를 일컫는 말로, 꽃처럼 아름다운 남성의 무리라는 의미를 갖는다.

---

46 ③

민정문서는 통일신라시대의 경제생활을 알 수 있는 중요한 토지 문서로 1933년 일본 동대사 정창원에서 발견되어 현재 일본에 소장되어 있다. 755년경 서원경 인근 네 개 마을에 대한 인구·토지·마전·과실나무의 수·가축의 수를 조사한 문서로, 촌주가 3년마다 촌의 노동력 징발과 조세, 공납 징수를 잘 하기 위해 작성한 것이다. 노동력 징발을 위해 나이·남녀별로 인구를 조사하였고, 조세와 공납을 징수하기 위해 토지·가축의 수, 과실나무의 수 등 개인의 재산 정도를 기록하였다.

---

47 ④

장보고는 신라 흥덕왕 때의 장수로, 본명은 궁복이다. 중국 당나라에 들어가 무령군 소장이 되었다가 돌아와, 청해진 대사로 임명되어 황해와 남해의 해적을 없애고 해상권을 잡았으며, 신라와 당의 교역을 활발하게 하였다. 희강왕 2년(837) 왕위 계승 다툼에서 밀려난 김우징이 청해진으로 오자 이듬해 같이 반란을 일으켜 민애왕을 죽이고 우징, 곧 신무왕을 왕으로 즉위시켰다. 후에 그의 세력에 불안을 느낀 문성왕의 자객 염장에게 살해되었다.

---

48 ④

나제동맹은 고구려의 장수왕은 427년에 평양으로 천도하고 남진정책을 추진하였다. 이에 위협을 느낀 신라와 백제는 433년(고구려 장수왕 21, 신라 눌지왕 17, 백제 비유왕 7)에 우호관계를 맺으며 나제동맹이 성립되었다.

49 ①

양만춘은 고구려 보장왕 때 안시성의 성주로, 연개소문이 정변을 일으켰을 때 끝까지 싸워 성주의 지위를 유지하였으며, 당나라 태종이 침공하였을 때도 당나라군을 물리쳤다.

---

50 ②

근초고왕은 백제 제13대 왕이며, 재위 기간은 346년 ~ 375년까지이다. 4세기 중반 백제의 전성기를 이룩한 왕이다. 북으로는 고구려 평양성을 공격해 고국원왕을 전사시켰으며, 남으로는 마한을 완전히 정복해 백제의 영토를 최대로 확장시켰다. 또한 바다 건너 중국의 동진, 왜와 교류하기도 했다. 안으로는 부자 상속의 왕위 계승 체제를 확립시켰으며, 박사 고흥으로 하여금 역사서인 서기를 편찬하게 했다. 백제는 고이왕을 지나 근초고왕에 이르러 전성기를 맞이했다.

당신의 꿈은 뭔가요?
MY BUCKET LIST !

꿈은 목표를 향해 가는 길에 필요한 휴식과 같아요.

여기에 당신의 소중한 위시리스트를 적어보세요. 하나하나 적다보면 어느새 기분도

좋아지고 다시 달리는 힘을 얻게 될 거예요.

창의적인 사람이 되기 위해서

정보가 넘치는 요즘, 모두들 창의적인 사람을 찾죠.
정보의 더미에서 평범한 것을 비범하게 만드는 마법의 손이 필요합니다.
어떻게 해야 마법의 손과 같은 '창의성'을 가질 수 있을까요. 여러분께만 알려 드릴게요!

01. 생각나는 모든 것을 적어 보세요.

아이디어는 단번에 솟아나는 것이 아니죠. 원하는 것이나, 새로 알게 된 레시피나, 뭐든 좋아요.
떠오르는 생각을 모두 적어 보세요.

02. '잘하고 싶어!'가 아니라 '잘하고 있다!'라고 생각하세요.

누구나 자신을 다그치곤 합니다. 잘해야 해. 잘하고 싶어.
그럴 때는 고개를 세 번 젓고 나서 외치세요. '나, 잘하고 있다!'

03. 새로운 것을 시도해 보세요.

신선한 아이디어는 새로운 곳에서 떠오르죠. 처음 가는 장소, 다양한 장르에 음악, 나와 다른 분야의 사람.
익숙하지 않은 신선한 것들을 찾아서 탐험해 보세요.

04. 남들에게 보여 주세요.

독특한 아이디어라도 혼자 가지고 있다면 키워 내기 어렵죠.
최대한 많은 사람들과 함께 정보를 나누며 아이디어를 발전시키세요.

05. 잠시만 쉬세요.

생각을 계속 하다보면 한쪽으로 치우치기 쉬워요. 25분 생각했다면 5분은 쉬어 주세요.
휴식도 창의성을 키워 주는 중요한 요소랍니다.